博彩行为、认知与问题博彩的交互影响

徐家熹　著

山东大学出版社
SHANDONG UNIVERSITY PRESS
·济南·

图书在版编目(CIP)数据

博彩行为、认知与问题博彩的交互影响/徐家熹著.
—济南:山东大学出版社,2021.12
ISBN 978-7-5607-7233-2

Ⅰ.①博… Ⅱ.①徐… Ⅲ.①博彩业—研究—中国
Ⅳ.①F726.952

中国版本图书馆 CIP 数据核字(2021)第 230908 号

策划编辑 武迎新
责任编辑 武迎新
封面设计 王秋忆

出版发行 山东大学出版社
社　　址 山东省济南市山大南路 20 号
邮政编码 250100
发行热线 (0531)88363008
经　　销 新华书店
印　　刷 山东星海彩印有限公司
规　　格 720 毫米×1000 毫米 1/16
　　　　 12 印张 184 千字
版　　次 2021 年 12 月第 1 版
印　　次 2021 年 12 月第 1 次印刷
定　　价 39.00 元

目　录

第一章　绪论

本章从全球博彩业的发展与繁荣、产业发展带来的巨大成本、社会责任的承担及彩民作为社会责任工作的主体对象等视角对本研究的背景进行论述，并从理论和实践两个角度对本研究的研究意义进行分析。此外，本章还将对本研究的研究目的、研究任务、研究基本思路、研究方法及相关内容等进行详细阐述。

一、研究背景

（一）全球博彩业的发展与繁荣

世界博彩业的发展大致可分为以下三个阶段：

第一阶段：16 世纪初期，在财政政策需求的推动下，英国、法国等部分欧洲国家或因市政建设、或因公共设施发展、或因财政亏空等原因而以政府名义大范围发行国家彩票进行财政融资，随后其他西方国家同样因军事、财政等问题纷纷进行效仿，开始了博彩业的“启蒙运动”。

第二阶段：19 世纪中期，在政府产业政策的影响下，中国澳门、摩纳哥、蒙特卡罗、巴哈马群岛等国家和地区相继建立各类博彩机构和现代意义上的赌场，世界博彩业进入了所谓的“casino”时代。在这一历史背景下，博彩业的国际外部性瞬时提升，对后期全球性的博彩发展浪潮起到了推波助澜的巨大作用。①

---

① 参见王五一：《世界赌博爆炸与中国的经济利益》，经济科学出版社 2005 年版，第 101 页。

第三阶段:20 世 60 年代开始,人类在金融、通信等领域技术不断提升,在推动旅游业全球化发展的同时,进一步促进了博彩产业的外部影响力,博彩合法化浪潮在 80 年代成势,90 年代达到高潮并延续至今,“以邻为壑,逼良为赌”的成长机制成为 20 世纪末期全球博彩业发展的重要缩影。[①] 见图1-1。

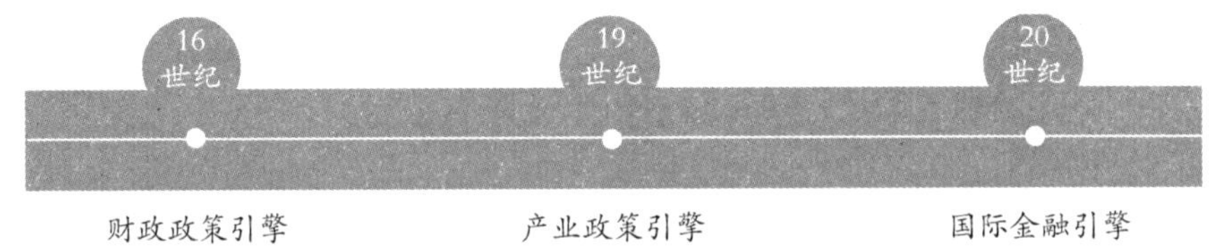

图 1-1　全球博彩业近现代发展历程

20 世纪 80 年代,随着博彩业合法化浪潮在全球范围内兴起,欧洲、美洲、大洋洲、亚洲大陆几乎同时开赌立城,各类更为现代化的以科技为引领的新兴私营博彩公司、赌场以及国家或联邦政府运营的博彩机构如雨后春笋般出现。欧洲地区仍旧以蒙特卡洛的博彩业影响力为主扩散开来,英国、法国、意大利、西班牙等国家相继在国家彩票、私营博彩机构和赌场建设等方面投入大量资源。美洲主要以美国为主,大西洋城在 1978 年的开设可视为美洲大陆现代博彩业发展的催化剂,随后印第安人赌场合法化的法律条文颁布促进了北美地区博彩业的扩张势头,而 20 世纪 90 年代末的密西西比地区多个州的开赌进一步推动了这一地区博彩业的繁荣。大洋洲则主要从澳大利亚的塔斯马尼亚州开始至昆士兰州、西南澳大利亚两个州相继大力发展博彩业,至今已蔓延至新西兰、北马里亚纳群岛、瓦努阿图和新喀里多尼亚四个国家,除了受澳大利亚的博彩公司影响外,大洋洲博彩业同时还受欧洲、北美洲及亚洲部分较为成熟的博彩公司的支撑,在硬件技术、市场营销、法律监管等多个方面逐步完善。同样在这一历史时期,亚洲现代博彩业首先在 20 世纪 70 年代于马来西亚、韩国等国家萌芽,随后越南、老挝、泰国、缅甸等东南亚国家相继开始大力发展博彩业,21 世纪初期在我国澳门地区

① 参见王五一:《博彩经济学》,人民出版社 2011 年版,第 4～5 页。H. Shaffer & M. N. Hall, Updating and refining prevalence estimates of disordered gambling behavior in the US and Canada [J]. *Canadian Journal of Public Health*, 2001, 92: 168-172.

“赌权开放”之后，亚洲博彩业也正式进入飞速发展阶段。① 具体见表1-1。

表1-1 世界主要分区②博彩业简要情况（截至2016年年底） 单位：个

	北美	拉丁美洲	欧洲	非洲	亚太
赌场	2656	638	1,663	245	491
体育博彩投注大厅	32	1	3	1	—
博彩机	1019931	84929	109818	37286	85923

随着改革开放的逐步深入，中国大陆地区开始尝试利用彩票为社会公益活动筹集资金；但考虑到国家发展战略、法律监管范围及社会主义经济市场发展规律等多方面的规范要求，发行国家彩票必须在深刻认识到发行彩票与带有赌博性质的博彩活动在“合法性”“本质差异”和“游戏规则与投机性”③三个大方面存在的根本区别的基础上，制定严格的监督管理制度，并适时对彩票管理体制及相关政策进行符合当时国家社会发展形势的合理调整。

1984年北京国际马拉松主办单位中国田径协会与中国体育服务公司发行的北京国际马拉松赛奖券是中华人民共和国最早发行的彩票。1994年，国务院批准当时的国家体委在全国范围内正式发行中国体育彩票。经过二十多年的发展，中国体育彩票已在管理体制、硬件系统、市场监察、规章制度

---

① 参见王五一：《博彩经济学》，人民出版社2011年版，第4～5页。https://www.worldcasinodirectory.com/australasia-casinos.asp.

② 按世界彩票协会的分区规则，世界彩票销量在统计时主要分为北美地区、拉丁美洲地区、欧洲地区、非洲地区和亚太地区五个区域。

③ 合法性：体育彩票是经中华人民共和国国务院批准，在全国范围内发行的、为体育事业集资的合法活动，而赌博（或带有赌博性质的其他博彩活动）是我国有关法律明令禁止的非法活动，是有悖于社会主义精神文明建设宗旨的。本质差异：体育彩票具有社会性、公益性、娱乐性、市场性和经济性等六大特殊性质。游戏规则和投机性：体育彩票在返奖率、奖金额度分配、留存基金等方面的制度设立，体育彩票是一种利大于弊的社会公益集资活动。转引自李海主编：《新编体育博彩概论》，复旦大学出版社2013年版，第18页。

和游戏设计与发行①等多方面取得了长足进步，而在彩票年销售总量方面已处于世界领先地位。中华人民共和国国家统计局官方统计数据显示，2016年中国大陆地区彩票全年总销量达到3946.4亿元人民币（福利彩票销量2064.9亿元②，体育彩票销量1881.5亿元）。见图1-2。世界彩票协会（World Lottery Association）的数据显示，中国体育彩票在2017年第一季度总销量环比增长率超越中国福利彩票，同时在销量上也首次实现赶超。③ 同时，公益金的管理使用也逐步进入深化改革阶段：透明度增加，公示渠道多样化；政府放权，公益投标模式初见成效；支持地方，受益对象多元化（见表1-2），等等。

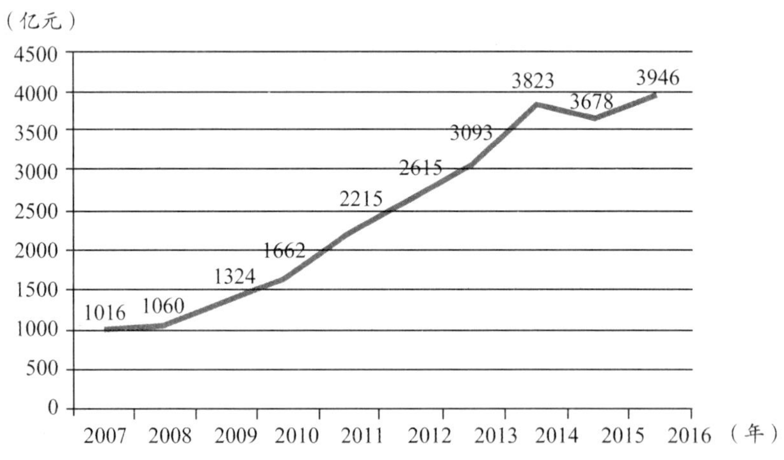

图1-2　2007～2016年全国彩票销量走势

① 在管理体制方面，形成了由国务院财政部门监管，民政部门和体育行政部门负责的“1＋2＋N”的覆盖所有县一级以上行政区域的管理模式；在硬件系统方面，逐步实现了管理平台、全热线系统、安全运行系统及“两地三中心”大区域数据中心等技术革新；在市场监察方面，各省区市已逐步建立安全管理体系，完善各类市场抽查细则和法律团队建设，并进一步强化廉政风险防控体系；在规章制度方面，从1994年首次发行体育彩票至今共发布各类管理办法、准则共16部，不断完善全系统管理条例，以早日实现依法治彩；在游戏设计与发行方面，与当初的单一型玩法相比，截至2016年年底，中国体育彩票已包括概率型、竞猜型、视频型、电脑型和即开型五大类型，共17个以上具体玩法。

② 参见中华人民共和国财政部：《2016年12月份全国彩票销售情况》，2017年1月23日，http://zhs.mof.gov.cn/zhuantilanmu/caipiaoguanli/201701/t20170122_2525205.html.

③ 参见 https://www.world-lotteries.org/media-news/wla-news/2571-lotteries-make-modest-start-to-2017-growth-in-asia-pacific-latin-america-offset-by-lower-sales-in-north-america.

表 1-2　　2014～2015 年度我国部分地方社会公益事业建设项目

地方社会公益事业建设项目	公益金(亿元)
新疆福利设施及灾后重建	5.53
西藏公益事业建设	17.17
赣南等原中央苏区公益事业建设	9.28
贵州公益事业建设	20
宁夏公益事业建设	12
山东沂蒙革命老区公益事业建设	5.4
甘肃灾后重建	10
延安八一敬老院迁建	0.5

(二)博彩业繁荣背后的社会危害

在看到 20 世纪下半叶以来博彩业在全球范围内迅猛发展的同时,我们也应该清醒地意识到这种快速发展对国家区域安全、社会经济发展、文化保护与建设、社会公共安全、卫生安全等多方面产生的负面影响,博彩相关问题(Gambling-related problems)越来越受到世界各国政府、博彩机构、学者及社会公众的关注和重视。彩票业为国家税收贡献越多,所要付出的社会成本也越大。在博彩业中,每增加 1 美元的博彩税收就要花费大约 3 美元用于解决由其带来的经济、公共卫生方面的弊端乃至犯罪等严重社会问题。[①] 博彩业在发展过程中产生的社会成本体现为以下几个方面:犯罪(逮捕、裁决和监禁管理)、商业及劳动力(生产效率、时间及失业)、破产、自杀、健康、社会服务成本(治疗及失业带来的福利及食物券成本)、政府监管成本、家庭成本(离婚、分居)和个人财务。平均每个彩民一年所带来的社会成本达到

① W. K. John, The cost of addicted gamblers: Should the states initiate mega-lawsuits similar to the tobacco cases? [J]. *Management and Decision Economics*, 2001, 22: 17-63.

13585 美元。[①] 数据显示，在 2000 年，美国仅由问题及病态彩民产生的各类成本损耗近 500 亿美元，而当年美国博彩业全年创收才 300 多亿美元。[②]

自 Charles Fey 于 1899 年设计出第一台带有自动收支系统的老虎机至今的一百多年里[③]，随着科学技术的不断进步，以老虎机为代表的各类电子博彩机(Electronic Gaming Machines，EGM)[④]在技术更新(电子信贷系统、虚拟交互程序等)、玩法形式(多线、单线、弹珠等)等方面的发展突飞猛进，全球普及化程度越来越高[⑤]。这类博彩游戏因持续投注时间长、开奖周期短、刺激性强而被称为"博彩可卡因"[⑥]，导致越来越多的彩民出现购彩行为控制不当及认知偏差；其他开奖频率较快的博彩游戏(如高频彩票等)也与问题购彩或其他博彩相关危害(Gambling-related harm)存在着密切联系[⑦]，而这种快速开奖的博彩游戏结构特征是刺激彩民参与博彩的重要结构特征之一，也是推动彩民向问题彩民演变的重要诱因之一[⑧]。据统计，截至 20 世纪末，各类电子博彩机的全球市场占有率达到 60%，甚至在一些地区达到 90%。[⑨] 调查发现，超过 80%的视频彩票彩民存在或多或少的行为或认知方

---

① L. G. Earl & B. M. David, Business profitability versus social profitability: Evaluating industries with externalities, the case of casinos [J]. *Managerial and Decision Economics*, 2001, 22: 143-162.

② American Gaming Association, *State of the States* 2016: *Executive summary* [R]. Washington, D. C.: The American Gaming Association, 2016.

③ C. Marfels, *Slot machine play in America. Automatenspiele: Homo Ludens—Der spielende Mensch IX* [M]. Salzburg: Internationale Beitrage de Institutes fur Spielforschung und Spielpadagogik. University Mozarteum, 1999: 67-89.

④ 当前，电子博彩机(Electronic Gaming Machines)种类纷繁多样，由于设计程序、交互系统、具体玩法等方面的差异，在不同国家叫法也不同，例如澳洲的扑克机(Poker-machines)、美国的老虎机、加拿大和中国的视频彩票(Video lottery terminals)、英国的水果机(Fruit Machines)、苏格兰的佩吉(Puggy)等。

⑤ G. Bondolfi & R. Ladouceur, Pathological gambling: an increasing public health problem [J]. *Acta Psychiatrica Scandinavica*, 2000, 104(4): 241-242.

⑥ D. A. Korn & H. J. Shaffer, Gambling and the health of the public: adopting a public health perspective [J]. *Journal of Gambling Studies*, 1999, 15(4): 289-365.

⑦ A. Harris & M. D. Griffiths, The impact of speed of play in gambling on psychological and behavioral factors: A critical review [J]. *Journal of Gambling Studies*, 2018(34): 393-412.

⑧ M. D. Griffiths, *Impact of high-stake, high-prize, gaming machines on problem gambling: Overview of research findings* [C]. Birmingham: Gambling Commission, 2008。

⑨ Productivity Commission, *Australia's Gambling Industries*, Report No. 10 (Canberra, AusInfo), 1999.

面的问题[①]，这类群体的数量不断膨胀，滋生了大量社会、经济问题。在我国，体育彩票在海南省发行了视频彩票，高频游戏也已在全国31个省份上线销售，而相关的彩民保护机制（例如限制消费金额、控制消费时间等）尚不健全，这其中存在的问题隐患也亟待相关机构予以重视。

（三）责任博彩运动的发展

在这一发展背景下，建立并实施一种有效的相关策略机制以降低或消除潜在博彩危害，提升博彩活动的社会福利和积极影响，成为各利益相关群体的共识，责任博彩（Responsible Gambling）或称“博彩中的社会责任”（Social Responsibility in Gambling）应运而生。责任博彩的实施或相关政策制度的建立不能仅是对所造成的负面社会政治影响的简单反馈，而是需要以足够的实证为支撑。责任博彩概念的提出及发展是当前及未来很长一段时期内全球博彩业发展理念的基本体现，也是博彩历史演进中的重要时代缩影。

随着社会舆论压力的不断增长，各国政府及部分博彩机构开始积极推行责任博彩战略以期降低博彩消费带来的危害，大力推行责任博彩理念，努力保护彩民权益，维持低水平社会成本，促进博彩业的健康发展。目前，无论在实务工作中还是在学术研究领域，关于责任博彩战略的实施尚存在一定问题，其中博彩危害问题首当其冲。对博彩危害进行全面而严格的界定是责任博彩战略实施的基础；在责任博彩战略规划中，博彩危害是首要问题，也是战略核心。[②] 世界彩票协会（World Lottery Association，WLA）从21世纪初就开始研究制定统一的社会责任工作框架。2006年，在WLA会员大会上，各会员组织一致通过了责任博彩框架。随后，WLA又发布《全球彩票安全控制标准》，旨在大力推进全球各国彩票机构社会责任工作的开展，严格对所有会员组织未来开展社会责任工作及其相关工作制度安排进行标准化管理。2015年6月，世界彩票协会和欧洲彩票协会共同推出全球彩票监控系统，对所有会员组织的官方营利彩票及非营利彩票的发行、销售

① D. A. Korn & H. J. Shaffer, Gambling and the health of the public: adopting a public health perspective [J]. *Journal of Gambling Studies*, 1999,15(4): 289-365.

② A. Blaszczynski, R. Ladouceur & H. J. Shaffer, A sicence-based framework for responsible gambling: The Reno Model [J]. *Journal of Gambling Studies*, 2004,20(3): 301-317.

和机构运营管理进行监控，同时有效加强各会员组织之间的交流合作，切实促进世界彩票业的可持续发展。

在世界博彩领域社会责任运动开展得如火如荼之际，我国彩票业的社会责任研究与落实工作也逐步展开。2013 年，民政部就将中国福利彩票社会责任体系建设作为重点课题开展了大量工作，特别是在责任战略、治理、沟通和能力四个方面进行了体系构建，并取得了一定成效；同时，成立社会责任工作建设专项小组，全面推进社会责任工作治理，并于 2015 年 6 月召开了中国福利彩票社会责任培训工作会议，积极响应世界彩票协会的工作要求与理念。我国体育彩票机构社会责任工作也陆续开展，2016 年中国体育彩票制定了全国系统的责任彩票工作框架，工作目标、工作机制和工作格局逐步进入正轨，但整体社会责任工作成效还有待进一步提升，特别是在游戏设计、营销宣传、渠道建设、内部管理和文化建设等方面还需要进一步加强，因此，紧抓“十三五”这一重要发展机遇期，全面推进我国体育彩票机构社会责任工作的开展至关重要。

（四）彩民成为责任博彩运动的主体对象

随着我国彩票机构开始承担和履行越来越多的社会责任，传播彩票发行的正面影响，遏制负面波动，掌握社会责任工作开展的基本原则，制定循序渐进、健康可持续的工作计划，对于提升社会责任工作效率，进一步扩大彩票市场的规模和正面影响力关系重大。彩民作为彩票市场主体，其购彩行为及认知模式对彩民本身和体育彩票业发展起着直接或间接影响；同时，随着彩票事业的迅速发展，彩民的心理健康问题也日益凸现出来，由此产生的问题彩民已是我国体育彩票业快速发展过程中的突出问题。掌握我国体育彩票彩民购彩行为模式，明确不同类型彩民的心理特征，对建立体育彩票彩民服务及帮扶工作机制，进一步加强我国体育彩票机构社会责任工作具有重要理论价值和实践意义。

问题彩民及其不理性购彩行为所带来的发展困境不能盲目采取强制性措施解决，而需要通过建立全面、有效的彩民分类标准，根据不同类型的彩民购彩行为及其心理特征采取有差异的指导、教育及帮扶手段。在国外，已有专门对彩民心理问题进行甄别的量表，也有针对不同问题程度的彩民所采取的各类服务机构和相应措施。由于我国体育彩票发行历史较短，使得我国专家学者、彩票机构管理人员对于彩民购彩行为及心理特征的主要表现和具体分类的认识还较为浅显，但如何应对不同类型彩民所暴露出的不同自身、家庭、经济及社会问题，已成为我国体育彩票机构履行社会责任过程中的瓶颈问题。因此，全面了解我国体育彩票彩民购彩行为及心理特征，制定适合我国国情的彩民分类标准，了解我国体育彩票彩民购彩现状，并在此基础上制定系统的彩民帮扶机制势在必行。

二、研究意义

（一）理论意义

综观国内外学者的研究发现，国外学者在进行研究时更注重对彩民微观行为及心理特征的研究，责任博彩、问题购彩、青少年博彩及相关心理学问题的研究在我国较为少见，空白领域较多。随着我国体育彩票市场的快速发展，体育彩票彩民的问题购彩行为的负面影响逐步显现，应积极建立适合我国体育彩票发行的彩民购彩行为及认知的科学理论体系。我国学者对于彩民购彩行为与认知及问题购彩形成之间的关联的相关研究尚未形成体系，本研究在吸纳经济学、社会学、心理学、统计学等多学科研究方法的基础上，经过严谨、系统、多元化的彩民购彩行为量表制定，并吸收国内外目前较为先进的认知测评量表以及问题彩民测评量表，对我国体育彩票彩民的基本购彩行为、认知模式以及与问题购彩之间的关联进行了系统分析与评价，为今后展开更为深层次的研究奠定理论基础。

（二）现实意义

中国体育彩票的社会责任履责将为我国构建公共体育服务体系、加快体育强国建设继续提供重要保障，同样将为服务和改善民生、推动经济社会发展提供有力支持。而中国体育彩票如何对体育彩票机构的重要的利益相关者——体育彩票彩民履行社会责任，则直接关系到其基本定位和发行宗旨。本研究将尝试构建我国体育彩票彩民购彩行为、购彩认知及问题购彩的关联模式，并以此为基础对我国体育彩票机构履行彩民社会责任提供理论依据和工作框架，为我国体育彩票机构承担社会责任、贯彻落实社会责任实践并在履责过程中取得更为显著成效奠定基础，保障我国体育彩票市场繁荣、和谐以及健康可持续发展。

三、研究目的

本研究的目的主要包括：

①编制彩民购彩行为评价量表，对编制的评价量表进行信效度检验，判断该量表的适用性和稳定性。

②采用该量表对上海市体育彩票彩民进行分类，并对不同类别的彩民的购彩行为特征差异进行分析讨论，进一步对彩民购彩评价量表的应用能力进行评价。

③选取合适的彩民认知评价量表对上海市体育彩票彩民的认知进行评价，以此为基础探讨彩民购彩认知对购彩行为、问题购彩的影响情况。

④通过上述研究构建购彩行为、购彩认知和问题购彩的交互模型，根据这一模型深入分析探讨上海市体育彩票彩民问题购彩的主要影响因素。

四、研究内容及框架

（一）研究内容

1.彩民购彩行为评价量表的编制

量表的编制主要包括以下内容：

(1)给出定义

在量表编制过程中，首先要对购彩行为给出操作性定义，这是该量表编制的基础，本书在文献回顾的基础上确定购彩行为的定义，并随后确定该量表所包含的维度，以及各维度所包含的条目或主要内容。

(2)条目池的形成

根据所给出的操作性定义、维度及其具体含义，参考相关专家、体育彩票机构工作人员、网点业主及彩民的建议和观点对各维度进行细分，形成彩民购彩行为评价量表的条目池，便于后续的筛选。

(3)量表条目的再筛选

条目池所包含的条目相对来说较为粗糙，需要进行再筛选工作，并对各条目内容进行精细化修订。本研究主要采用德尔菲法及相关统计分析方法对条目池进行再筛选，确定量表的最终条目。

2.彩民购彩行为评价量表的应用

对于形成的评价量表应用主要包括以下三个部分：

①利用该量表对上海市体育彩票彩民的购彩行为现状进行测量和评价，对彩民进行分类，讨论不同分类彩民的购彩行为特征差异。

②选取合适的彩民认知量表判断彩民的认知状况，分析讨论上海市体育彩票彩民购彩行为与购彩认知的关系。

③根据上海市体育彩票彩民的行为及认知现状，进一步讨论两者与问题购彩之间存在的关联性以及对不同程度表现彩民问题购彩的影响。

（二）研究框架

本书包括 5 个主要部分，分为 9 个章节：

第一部分为本书的第一章，即绪论，包括研究背景、研究意义、研究目的、研究框架和内容以及研究方法。

第二部分为本书的第二章和第三章，包括国内外相关研究综述及博彩危害内涵与个体消费行为的逻辑探究。

第三部分为本书的第四章，介绍了彩民购彩行为评价量表编制的全过程，包括量表的理论依据、概念框架、备选条目池的形成、条目的筛选过程及评价。

第四部分为本书的第五、六和七章，主要是对上海市体育彩票彩民购彩行为特征的介绍及现状描述，分析了解购彩行为与认知之间的关联性，按照标准对上海市体育彩票彩民进行合理分类，并探讨分析了购彩行为、购彩认知和问题购彩的相互影响情况。

第五部分为本书的第八章和第九章，主要是对本研究的结果进行讨论，并对本研究结论进行总结，根据研究结论提出合理的建议，最后对本研究的创新点、局限性和未来的研究展望进行了论述。

五、研究方法

（一）文献法

为充分了解国内外相关研究现状，本研究采用文献法以上海体育学院图书馆电子数据库和佐治亚大学图书馆电子数据库以及百度学术、Google学术等搜索引擎为主要平台，收集整理国内外有关购彩行为、博彩认知、问题购彩等方面的研究成果（其中包括国内外学术期刊、学术论文和学术会议论文）及实践经验（其中包括博彩研究中心报告、博彩产业学会资料汇编、博彩或彩票协会官方网站信息披露及部分内部期刊资料）。

采用的关键词主要包括"彩票""博彩""赌博""彩民""购彩行为""行为特征""博彩认知""问题购彩""Problem gambling""Pathological gambilng""Gambling cognition""Gambling behavior""Behavior characteristics"等。同时为保障本研究的理论及实践深度，作者翻阅整理了经济学、逻辑学、心理学、管理学和社会学等学科的相关图书与资料。上述研究资料在很大程度上拓展了本研究的研究视野与思路，为确保本研究的顺利开展打下了较好的理论基础。

（二）调查法

1.访谈法

这是一种通过与受访对象面对面的交谈来了解情况的研究方法。本研究的访谈对象有上海市体育彩票管理中心、河南省体育彩票管理中心和山东省体育彩票管理中心相关工作人员，网点业主和彩民。

2.德尔菲法

德尔菲法，也称"专家调查法"。该方法主要应用于彩民购彩行为评价量表的编制过程。备选条目池确定时进行了第一轮专家咨询，通过对专家给出的意见和建议，对条目池进行调整，形成新的条目池后进行了第二轮专家咨询。

3.现场调查

(1)调查范围

根据上海市体育彩票管理中心统计数据，截至2016年年底，上海市全市收录存档的有具体地址及联系方式的体育彩票销售网点共2000个，所有网点在上海市全部16个市辖区分布情况见表1-3。

表 1-3　　上海市 16 个市辖区网点分布情况(*N*=100)　　单位:个

市辖区	网点数量					
	市区	郊县	乡镇	市属	总计	比例(%)
黄浦区	86	—	—	2(市区)	88	4.40
徐汇区	122	—	—	3(市区)	125	6.25
长宁区	80	—	—	—	80	4.00
静安区	131	—	—	4(市区)	135	6.75
普陀区	130	—	—	—	130	6.50
虹口区	105	—	—	1(市区)	106	5.30
杨浦区	114	—	—	—	114	5.70
浦东新区	167	36	195	14(市区)	412	20.60
闵行区	2	60	112	2(市区、郊县)	176	8.80
宝山区	4	—	152	5(市区)	161	8.05
嘉定区	2	24	81	—	107	5.35
金山区	1	41	16	1(市区)	59	2.95
松江区	—	75	23	1(市区)	99	4.95
青浦区	—	31	59	2(市区)	92	4.60
奉贤区	—	1	79	1(市区)	81	4.05
崇明区	—	7	27	1(郊县)	35	1.75
总计	944	275	744	37	2000	

考虑到成本情况,本研究从全部 2000 个网点中按 5%的比例随机抽取 100 个网点进行问卷发放,上海市 16 个市辖区的抽样网点数量按各区网点数量占比进行分配,每个市辖区抽取网点数量见表 1-4。

表 1-4　　上海市 16 个市辖区网点抽样数量(*N*=100)　　单位:个

市辖区	网点数量占比(%)	网点抽样数量
黄浦区	4.40	4
徐汇区	6.25	6
长宁区	4.00	4

续表

市辖区	网点数量占比(%)	网点抽样数量
静安区	6.75	7
普陀区	6.50	6
虹口区	5.30	5
杨浦区	5.70	6
浦东新区	20.60	21
闵行区	8.80	9
宝山区	8.05	8
嘉定区	5.35	5
金山区	2.95	3
松江区	4.95	5
青浦区	4.60	5
奉贤区	4.05	4
崇明区	1.75	2

(2)样本人群

本研究的样本为在体育彩票实体销售网点购买体育彩票的消费者。

(3)样本量的估计

本研究所需的样本量根据试发放条目数和统计方法进行估算。彩民购彩行为量表的预发放条目为19个,对预发放数据的处理主要采用了因子分析和信效度检验。De等(2013)认为,采用因子分析时,条目与样本量的比例应最低为1∶5。① 由此可推知该量表在预发放时所需样本量最低为95,同时考虑到10%～30%的无效问卷②,预发放问卷数量应最少为119份。本研究实际预发放问卷数量为210份,回收有效问卷185份。

① J. M. De, T. B. Hafsteinsdottir, E. Lindeman, R. G. Ettema, D. E. Grobbee & M. J. Schuurmans, In-hospital risk prediction for post-stroke depression: Development and validation of the Post-stroke Depression Prediction Scale [J]. *Stroke*, 2013,44(9): 244.

② 可按平均无效率计算,参见李菊芳:《脑卒中后早期抑郁筛查量表的编制与初步应用研究》,重庆医科大学博士学位论文,2016年。

在预发放阶段，对上海市杨浦区体育彩票销售网点进行随机抽取，共选取 10 个体育彩票销售网点进行发放，共发放问卷 210 份，回收有效问卷 185 份。正式发放阶段，在 100 个体育彩票销售网点进行发放，共发放 1240 份，回收有效问卷 1198 份。

(4)调查工具

本研究包含四个调查工具：

①彩民基本信息问卷：主要包括彩民的性别、年龄、婚姻状况、职业、学历、基本购彩情况等，用于了解彩民的基本信息情况。

②彩民购彩行为评价量表：本研究通过文献回顾、访谈走访、专家咨询及多种统计方法等，编制了国内第一个专门用于测量彩民购彩行为特征的评价量表，该量表包括 5 个维度，共 15 个条目。

③博彩相关认知量表中文版：本人与澳大利亚教授 T. P. S. Oei 就本研究所涉及的研究目的及任务进行了交流探讨，本研究所采用的测量彩民购彩认知状况的量表①由其直接提供。本研究对量表的部分专业词汇、语法及句式作了适当调整。该量表包括 5 个维度，共 23 个条目。

④问题购彩评价量表：本研究用于测量彩民问题购彩情况的量表为问题购彩评价量表(Scale of Assessing Problem Gambling，SAPG②)，该量表由 Li 等人(2011)编制，具有较好的中国本土适用性，可有效对我国彩民的问题购彩情况进行评价测量。该量表包括 4 个维度，共 19 个条目。

(5)调查方法

在预发放及正式发放阶段，先由上海市体育彩票管理中心告知所抽取的销售网点，征得网点工作人员同意后，在该网点进行问卷发放。发放问卷之前统一对调查人员进行培训，保证调查结果的统一性。问卷发放采用一对一的方式，尽量由调查人员逐条读出条目并由彩民填写，量表在网点现场发放并进行回收。

---

① T. Oei, J. Lin, & Raylu, N., "Validation of the Chinese Version of the Gambling Related Cognitions Scale (GRCS-C) [J]. *Journal of Gambling Studies*, 2007,23(3): 309-322.

② Li, H., etc., "Dimensions of Problem Gambling Behavior Associated with Purchasing Sports Lottery [J]. *Journal of Gambling Studies*, 2011,28(1): 47-68.

(三)数理统计法

本研究借助 SPSS 20.0、Amos 17.0 和 SAS 9.2 三个统计软件,针对不同的研究对象和目的,采用多种数理统计方法对数据进行处理。本研究采用的数理统计方法包括描述统计法、项目分析法、探索性因子分析、验证性因子分析、回归分析、对应分析、判别分析和聚类分析等。

1.描述统计法

本研究采用这一方法对上海市体育彩票彩民的基本人口特征、购彩消费特征以及各量表维度及条目的分数进行统计分析。

2.项目分析法

通过项目分析对彩民购彩行为评价量表(预试)进行分析,对不符合统计学标准的条目作进一步筛选。项目分析中用到的方法有临界比值法、相关分析法、内部一致性检验和因子分析等。

(1)临界比值法

以 27%的分值作为界限,通过对临界比值(Critical Ratio,CR 值)计算,分析高分组和低分组各条目的均值差异显著性。

(2)相关分析法

采用这种方法对量表条目得分、维度得分和总分之间的相关系数进行计算,判断各条目之间、各维度之间和不同量表之间的相关关系。

(3)内部一致性检验

通过这种检验方法判断某一条目与除该条目外其他条目总和的相关性,以是否大于等于 0.4 作为是否保留该条目的判断依据,同时要参考剔除该条目后量表总 Cronbach's α 是否变化。

(4)因子分析

主要通过其中的主成分分析,对各条目的因子载荷情况进行判断。

3.探索性因子分析

首先通过 Barlett 球形检验和 KMO 值大小判断量表条目是否可以进行因子分析;其次采用正交旋转最大方差法对旋转后的因子载荷情况进行判断,选取特征值大于 1 的因子数作为量表的维度数。

4.验证性因子分析

构建彩民购彩行为评价量表标准路径的结构模型,对模型与数据拟合程度进行评价，判断假设模型的适配性和稳定性。

5.回归分析

采用回归分析研究彩民购彩认知对购彩行为各维度的影响以及对购彩消费特征和彩民是否会演变为问题彩民的预测能力进行判断。

6.对应分析

通过对应分析讨论购彩认知各维度与购彩行为特征和购彩消费特征的散点分布关联情况，结合对上海市体育彩票彩民的分类情况进行综合分析。

7.判别分析

综合彩民在购彩行为评价量表各维度的表现，通过构建判别公式对彩民进行分类，主要分为正常彩民（轻度表现和中度表现）和问题彩民（重度表现）。

8.聚类分析

根据彩民在各维度表现的相似性对彩民进行分类，将彩民分为5个类别，分别为休闲型、过渡型、潜在危害型、强迫型和问题彩民；将这一分类与通过判别分析得出的分类情况进行对比说明，综合判断彩民购彩行为评价量表的应用能力。

第二章　文献综述

本章是对国内外相关研究现状的整理与归纳，以彩民购彩行为为主线，系统分析讨论了前人研究中与彩民购彩行为相关的重要研究内容，其中包括对于购彩行为主要相关理论的介绍与评价、目前学界对于购彩行为的界定与分类、已有的评价量表以及与购彩行为存在密切关联的主要影响因素。通过本章内容，试图为本研究的后续工作开拓视角，同时为购彩行为评价量表的编制、探索各因素之间的影响关系奠定较为扎实的理论基础。

一、购彩行为的主要理论

人们为什么会参与博彩？在人们参与博彩时，他们会选择哪些博彩游戏？当采用传统研究方法回答上述问题时，学者通常会去寻找与人们在博彩中的冒险行为有关联的因素，如人口特征、个性或动机结构等。然而，个体的性别、年龄、教育背景、收入、个性以及自身需求结构等因素是否足够对在博彩中的表现行为进行普遍性解释，进一步也可以对冒险行为做出说明。①

当前，越来越多的研究正在探讨上述或其他因素对购彩行为的影响，不

① M. G. Dickerson, J. McMillen, E. Hallebone, R. Volberg & R. Wooley, *Definition and incidence of problem gambling, including the socio-economic distributions of gamblers*, A Report prepared for the Victorian Casino and Gaming Authority, The Australian Institute of Gambling Research, Melbourne, Victoria, 1997.

可否认，这些因素在解释各类彩民的行为差异时有着重要作用，但是当前真正对人们消费博彩游戏及后续行为产生决定性作用的因素的研究数量依旧不足。有学者认为单一的理论模型很难对彩民的购彩行为以及问题购彩进行描述或理论解释。① 也有学者表示，由于研究范式的缺失、实证数据的不足和理论与实践之间的不协调等原因，导致了各利益相关方系统认识理解问题购彩这一现象存在概念上的不足与缺陷。② 因此，在讨论彩民的购彩行为表现或影响因素时通常采用多种理论综合进行分析。

（一）理性行为理论

理性行为理论（Theory of Reasoned Action，TRA）是一种在概念上较为宽泛的理论，在很大程度上可用于解释受特定心理变量影响的个体行为，并作出合理的未来发展预测。③ 该理论包括三个层面：行为意向（behavioral intentions）、行为态度（attitude toward the behavior）和主观范式（subject norms）。④ 在博彩研究领域，TRA 可用于解释个体在消费或不消费博彩游戏两个选择之间作出的决策，不论是彩民第一次消费，还是彩民从一种博彩游戏转向另一种游戏，这一过程可看作是对不同中奖概率的判断与选择。⑤ 行为意向可单独用以预测人们的博彩行为，但在人们选择消费或不消费的问题上，由于行为态度和主观范式的影响，却很难单独提供深层面的理论支撑。根据这一理论，人口特征因素、社会经济因素、个性因素以及动机因素

① R. I. Brown, Classical and operant paradigms in the management of gambling addictions [J]. *Behavio Psychology*, 1987,15(2): 111-122. J. J. Tabor, Compulsive gambling: An examination of relevant models [J]. *Journal of Gambling Behavior*, 1988,3(4): 219-223. J. B. Murray, Review of research on pathological gambling [J]. *Psychological Reports*, 1993,72(3): 791-810.

② H. J. Shaffer & B. Gambino, The epistemology of "addictive disease": Gambling as a predicament [J]. *Journal of Gambling Behavior*, 1989,5(3): 211-219.

③ D. A. lbarracin, B. T. Johnson, M. Fishbein & P. A. Muellerleile, Theories of reasoned action and planned behavior as models of condom use: A meta-analysis [J]. *Psychological Bulletin*, 2001,127(1): 142-161.

④ M. Fishbein, *A theory of resoned action: Some applications and implications* [M]. In H. E. Howe Jr. & M. Page, eds., *Nebraska Symposium on Motivation*, Lincoln: University of Nebraska Press, 1979: 65-116.

⑤ W. T. Cummings & W. Corney, A conceptual model of gambling behavior: Fishbein's Theory of Reasoned Action [J]. *Journal of Gambling Behavior*, 1987,3(3): 190-201. R. G. Thrasher, D. P. S. Andrew, D. F. Mahony, The efficacy of the Theory of Reasoned Action to explain gambling behavior in college students [J]. *Journal of Gambling Studies*, 2011,27(3): 499-516.

等是以个体的行为态度和主观范式为中介物间接对博彩行为产生影响，中介物的影响权重也互有差异。[①] 具体模型见图 2-1。

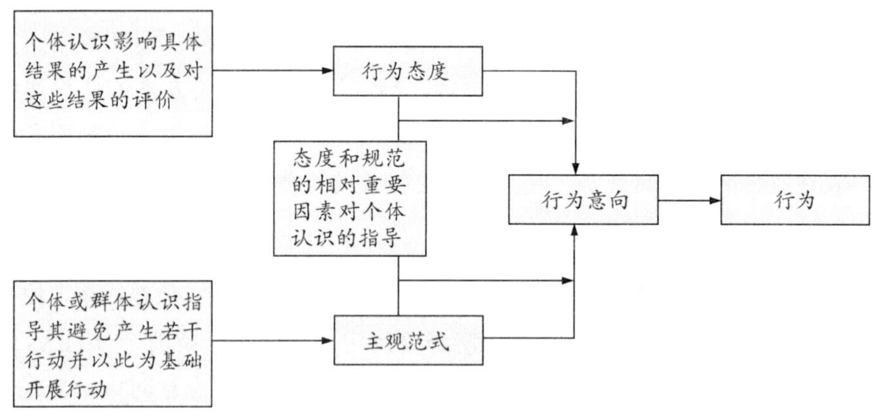

图 2-1　理性行为模型[②]

Thrasher 等表示，基于 TRA 的模型可有效对个体的行为进行认识和解释，并最终作出合理的预判，这对于个体错误行为的干预并提供正向行为引导有着较大的理论和实践意义。[③] Moore 和 Ohtsuka 发现，通过 TRA 可有效地对彩民的购彩行为进行解释和预判，特别是在彩民购彩行为的主要表现与人口特征的关系方面，例如从何处获取了游戏的信息、偏好哪些游戏、具体消费时表现出哪些明显特征等，进而可以判断不同的表现形式是否可以导致彩民产生过于频繁的消费以至于演变为问题彩民。有彩民反馈表示，如果在法律政策或游戏设计上对于消费者予以较大程度的限制，大多数

① R. G. Thrasher, D. P. S. Andrew, D. F. Mahony, The efficacy of the Theory of Reasoned Action to explain gambling behavior in college students [J]. *Journal of Gambling Studies*, 2011,27(3): 499-516.

② I. Ajzen & M. Fishbein, Attitude-behavior relations: A theoretical analysis and review of empirical research [J]. *Psychological Bulletin*, 1977,84(5): 888-918.

③ R. G. Thrasher, D. P. S. Andrew, D. F. Mahony, The efficacy of the Theory of Reasoned Action to explain gambling behavior in college students [J]. *Journal of Gambling Studies*, 2011,27(3): 499-516.

彩民则会对自身的行为态度进行调整，从而使自己的消费行为趋于客观合理。[①]

(二)雅各布一般成瘾理论

雅各布一般成瘾理论(Jacob's General Theory of Addiction)是心理动力理论(Psychodynamic Theories)的主要代表理论。心理动力理论是在讨论问题购彩时提出的用于分析彩民购彩行为与精神层面的关系理论，也称"病态博彩精神分析理论"(psychoanalytical theories of pathological gambling)。[②]

有研究者认为，存在较为严重购彩行为的彩民期望通过参与博彩活动治愈精神创伤或通过消费实现对现实生活中遭遇的不幸的对抗。由于博彩的潜在成瘾属性，使得这部分彩民在不断消费博彩游戏时感觉能够从这一过程中获取满足或兴奋，逐渐达到自我治愈的目的。[③] 而彩民寻求自我治愈是因为两个潜在并交互影响的因素造成了生理性的疼痛感，主要包括单极的生理休眠和生理病症，例如社会排斥或不安等。[④] 见图 2-2。该理论可在一定程度上解释问题购彩行为的发展路径，特别是对于青少年的购彩行为。[⑤] Sheila 认为，彩民孩童时期所受到的影响，例如家庭其他成员的行为等都会

---

① M. S. Moore & K. Ohtuska, Gambling activities of young Australians: Developing a model of behavioral [J]. *Journal of Gambling Studies*, 1997,13(3): 207-236.

② H. R. Lesieur & R. J. Rosenthal, Pathological gambling: A review of the literature (prepared for the American Psychiatric Association task force on DSM-IV committee on disorders of impulse control not elsewhere classified) [J]. *Journal of Gambling Studies*, 1991,7(1): 5-39.

③ D. F. Jacob, A general theory of addictions: A new theoretical model [J]. *Journal of Gambling Behavior*, 1986,2(1): 15-31. S. Rodda, S. L. Brown & J. G. Phillips, The relationship between anxiety, smoking, and gambling in electronic gaming machine players [J]. *Journal of Gambling Studies*, 2004,20(1): 71-81. E. D. Scannell, M. M. Quirk, K. Smith, R. Maddern & M. Dickerson, Females' coping styles and control over poker machine gambling [J]. *Journal of Gambling Studies*, 2000,16: 417-432.

④ D. F. Jacob, A general theory of addictions: A new theoretical model [J]. *Journal of Gambling Behavior*, 1986,2(1): 15-31.

⑤ R. Gupta & J. L. Derevensky, An empirical examination of Jacob's General Theory of Addictions: Do adolescent gamblers fit the theory? [J]. *Journal of Gambling Studies*, 1998,14(1): 17-49.

在彩民的具体消费行为中得以展现。①

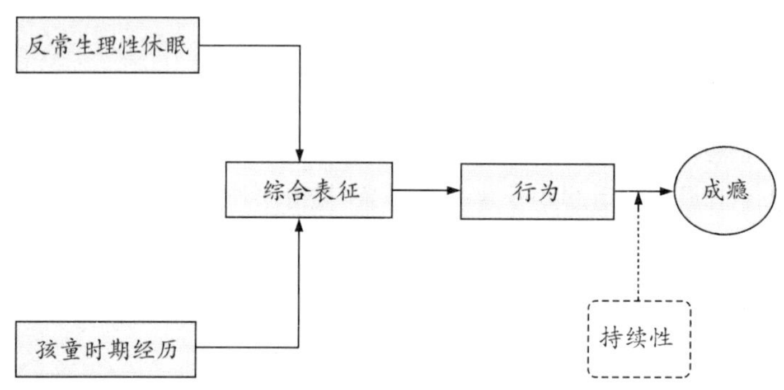

图 2-2　雅各布一般成瘾模型简图

彩民表现出持续购彩行为主要受正负两个方面刺激因素的影响，正向刺激是指直接对彩民持续性消费影响的外部或内部因素，负向刺激是指彩民因购彩行为外部的负面原因而产生期望通过持续消费得以缓解。Coventry 和 Constable 表示，中奖经历、中奖产生的兴奋感或其他刺激性的附属事件对于彩民持续消费并逐步产生问题购彩有着直接关系②；Petry 和 Steinberg 则认为，沮丧、焦虑、无聊或其他日常负面信息都会在彩民的持续消费过程中起作用③。当彩民的购彩行为逐渐向问题购彩演化时，其问题消费会进一步对其心理状态造成负面影响，且作用程度与其他彩民相比更为明显，形成恶性循环，如图 2-3 所示。④

---

① B. B. M. D. Sheila, Treatment for the addictions in a psychiatric setting [J]. *Addiction*, 1989,84(7): 237-247.

② K. Coventry, & B. Constable, Physiological arousal and sensation seeking in female fruit machines players [J]. *Addiction*, 1999,94(3): 425-430.

③ N. M. Petry, & K. L. Steinberg, Childhood maltreatment in male and female treatment-seeking pathological gamblers [J]. Psychology of Addictive Behaviors, 2005,19(2): 226-229.

④ R. T. Wood & M. D. Griffiths, A qualitative investigation of problem gambling as an escape-based coping strategy [J]. *Psychology and Psychotherapy: Theory, research and practice*, 2007,80(1): 107-125.

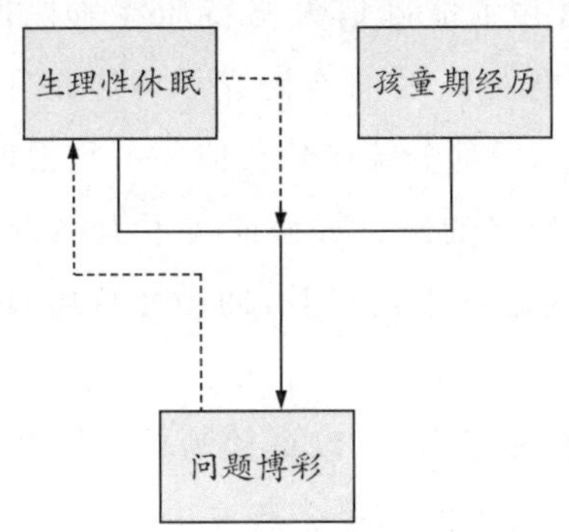

图 2-3　负向刺激—问题购彩循环影响

(三)特质性理论

特质性是一种人格特质。特质性理论(Trait Theory)是指个体通过对某种感知的寻求(sensation seeking)而表现出的行为惯式,演变为一种日常的生活方式。Zuckerman 通过对唤醒作用在博彩中的影响研究,提出了彩民个体存在的感知寻求特质,主要表现为对多变、新奇和复杂的精神感觉和社会经验的强烈需求,由于这种需求在正常的生活体验中很难得到实现,从而表现出对于生理层面和社会层面风险的主动接受。[①] 通过变态人格量表(Psychopathic Deviate Scale)的测量研究发现,高比例的问题彩民得分普遍较高,且有反社会的倾向和对这种生活方式的感知寻求。[②]

有研究显示,彩民在进行博彩消费时处于一个多变的跨情境的环境中,不同情境的交替对于彩民的购彩行为影响始终处于波动状态,由于多数研究属于横向研究,这使得人格特质对彩民购彩行为的影响变得更为突出。[③] 但 Kendrick 和 Funder 表示,这类横断面研究对于跨情境的一致性假设并没

① M. Zuckerman, *Sensation seeking*: *Beyond the optimal level of arousal* [M]. New Jersy: Lawrence Erlbaum Associates, Publishers, 1979。

② J. R. Grahm, & B. H. Lowenfeld, Personality dimensions of the pathological gambler [J]. *Journal of Gambling Behavior*, 1986,2: 58-66.

③ A. Parke, M. Griffiths & P. Irwing, Personality traits in pathological gambling: Sensaton seeking, deferment of gratification and competitiveness as risk factors [J]. *Addiction Research*, 2004,12(3): 201-212.

有太多实证支撑，因而并不能确信人格特质在彩民问题购彩中的主要作用。① Funder 和 Ozer 也表示，尽管有研究尽可能充分地证明了人格特质与实际行为之间的关联性，但部分统计学数值并不是很理想。② 随着这一领域研究的不断深入，越来越多的研究数据证实了人格特质与问题购彩之间的关联性③，且发现随着问题程度的提升，冲动性特质(Impulsivity trait)也会愈加严重④。

Parke 等表示，在感知寻求中，以赢钱为首要目的的彩民比为了逃避现实或因为其他缘由参与其中的彩民会获取更大的兴奋感，也更容易产生问题购彩，因此，若以感知寻求作为研究的理论指导分析彩民的感知寻求程度高低是否会对彩民演变为问题彩民产生较大影响，就需要明确彩民的购彩目的，而对于彩民购彩行为的观察或归类可作为初始手段用于筛选这一类型的彩民。⑤ 最新的研究表明，通过对人格特质的评价测量，可有效辨别存在神经功能障碍(Neurobiological dysfunction)的冲动性彩民。⑥ 这也进一步验证了通过彩民购彩行为筛选潜在人格特质紊乱彩民的重要性。

(四)有限理性理论

有限理性(Bounded Rationality)由美国经济学家肯尼斯-阿罗最先提

---

① D. Kendrick & D. Funder, Profiting from controversy: Lessons from the person-situation debate [J]. *American Pshychologist*, 1988,43(1): 23-34.

② D. C. Funder, & D. J. Ozer, Behavior as function of the situation [J]. *Journal of Personality and Social Psychology*, 1983,44(1): 107-112.

③ K. T. Forbush, M. Shaw, M. A. Graeber, L. Hovick, V. J. Meyer, D. J. Moser, J. Bayless, D. Watson & D. W. Black, Neuropsychological characteristics and personality traits in pathological gambling [J]. *Cns Spectrums*, 2008,13(4): 306. D. W. Black, P. O. Monahan, M. Temkit & M. Shaw, A family study of pathological gambling [J]. *Psychiatry Research*, 2006,141(3): 295-303.

④ S. Alessi & N. Petry, Pathological gambling severity is associated with impulsivity in a delay discounting procedure [J]. *Behavioral Processes*, 2003,64(3): 345-354.

⑤ A. Parke, M. Griffiths & P. Irwing, Personality traits in pathological gambling: Sensaton seeking, deferment of gratification and competitiveness as risk factors [J]. *Addiction Research*, 2004,12(3): 201-212.

⑥ D. W. Black, M. M. Smith, K. T. Forbush, M. C. Shaw, B. A. McCormick, D. J. Moser & J. M. Allen, Neuropsychological performance, impulsivity, symptoms of ADHD, and Cloninger's personality traits in pathological gambling [J]. *Addiction Research and Theory*, 2013,21(3): 216-226.

出，他认为人的行为既是有意识地理性的，但同时这种理性又是有限的。[①] 西蒙继承了这一思想，他在对新古典经济学进行批判的过程中对“有限理性说”进行了发展[②]，并在《管理行为》一书当中对有限理性进行了深入分析和解读。这一理论的不断深入发展对经济理论、管理科学、计算机科学、认知心理学以及科学哲学等领域都产生了重大影响。[③] 鲁宾斯坦将人的理性方面的不完整性称为“有限理性”，并且他将传统的新古典框架下的理性分为两个方面：对个人来说形成的关于自身环境中的事件以及他人行为正确性的信念；在给定他们的信念的条件下，个人选择最大化个人偏好的行为。[④] 在 Camerer 和 Fehr(2006)看来，鲁宾斯坦提出的上述两点的系统性偏离称之为有限理性更能有效对这一概念进行理解及保证其实际运用。[⑤] 邵鹏认为，在大量关于“博弈中的学习”以及“演进均衡”的理论与实证研究的基础上，均衡应该被看作是有限理性与选择压力下，学习、模仿等非均衡过程随着时间推移的长期结果。正是由于完全相同的博弈是不存在的，因此，可以将博彩者的单次博彩行为看作是一次博弈，但是每次博弈与其他博弈之间有着某种联系。上述理论在解释短期不可复制博弈时，其对于均衡结果的预测是不准确的，所以将有限理性纳入博弈框架且产生预测相对精确的方法体系变得越来越重要。作者在文中对认知层次理论作了详细的模型分析，他表示，认知层次是博弈论在行为经济学中的概念，主要对一次性博弈的结果进行预测，为学习模型提供初始条件，它假定博弈中的战略思考是一种反复进行的过程，并假定博弈者都认为自己对于博弈结构的理解优于他人。[⑥] 因此，我们可以假定彩民在每一次独立的博彩行为过程中进行博弈，这一模型可以对彩民的行为结果进行预测，正是由于彩民的行为是一种反复进行的行为，并且目前在针对问题购彩的研究中我们发现，彩民通常对自己的博彩行为有着高度的自信，并基于自己的想法进行不断的重复。

---

① 参见[美]肯尼斯 • J.阿罗：《社会选择与个人价值》，丁建峰译，上海人民出版社 2010 年版。

② 参见[美]赫伯特 • 西蒙：《现代决策理论的基石》，北京经济学院出版社 1989 年版。

③ 参见[美]赫伯特 • 西蒙：《管理行为》，詹正茂译，北京经济学院出版社 1988 年版。

④ 参见[美]阿里尔 • 鲁宾斯坦：《有限理性建模》，中国人民大学出版社 2005 年版。

⑤ C. F. Camerer & E. Fehr, When dose “economic man” dominate social behavior? [J]. *Science*, 2006,311(5757): 47-52.

⑥ 参见邵鹏：《有限理性、认知层次与投资博弈》，《数量经济技术经济研究》2010 年第 10 期。

Kahneman 和 Tversky 研究发现，行为人在高风险背景下进行选择时，其表现结果跟通常的效用理论所解释的结果是不同的，即相比于发生可能性较小但收益可能更多的事件，行为人更偏向于选择结果较为确定但收益可能较小的事件。[①] 这一结论同主观期望效用模式的假设——人们偏向于收益更大的方案相左。而 Eamsopana 和 Pichit 在研究中发现，大多数彩民购彩的动机就是中奖，但他们对彩票的基本特征（例如中奖概率、出号的随机性问题等）的认识相当盲目，而当这类彩民在一定程度上有所了解之时，他们的购彩行为与之前相比会有所不同，甚至有人自此杜绝购彩。

曾忠禄等研究发现，很多彩民认为号码越具有随机性，中奖的概率越高，这一研究结果既支持了小数定律，也通过对彩民表现出的对于随机性的认知偏差证实了有限理性说的正确性。同时，经历过“Near Miss”（差点赢）的彩民的购彩频率比没有经历过的彩民更频繁，购彩金额更高，购彩时间也更长，表现出“沉没成本效应”。[②] Arkes 和 Blumer 表示人们一旦在某一事件上投入了金钱、努力或者时间，他们就会有更大的倾向在这一事件上继续进行成本投入，而其目的就是为了不产生浪费。[③]

我们可以更直白地将彩民盲目购彩行为的原因解释为：Near-miss 并不意味着离中大奖更进一步，任何输钱行为并不比其他输钱行为更接近赢钱，其实所有的输钱行为在事实上都是相同的；然而，彩民往往把这看成是中大奖的前奏，无视自己正在输钱的事实；Near-miss 增加了彩民对于即将中大奖这一愿望，甚至使其有中大奖的兴奋感，这种心理作用引发了彩民持续性的博彩行为，这也是造成病态博彩的一个关键因素。

（五）前景理论

前景理论由 Kahneman 和 Tversky 首次提出[④]，这一经济思想理论来自上述两位作者在 1974 年所提出的不确定状况下的判断（主要是对启发式和

---

① D. Kahneman & A. Tversky, On the interpretation of intuitive probability: A reply to Jonathan Cohen [J]. *Cognition*, 1979, 7(4): 409-411.

② 参见曾忠禄、翟群、游旭群：《国内彩票购买者的有限理性行为研究》，《心理科学》2009 年第 5 期。

③ H. R. Arkes, & C. Blumer, The psychology of sunk cost [J]. *Organizational Behavior & Human Decision Processes*, 1985, 35(1): 124-140.

④ 参见王平、徐选华：《前景理论研究综述》，《企业技术开发》2005 年第 12 期。

偏差两个概念的分析)①。前景理论首先是对前文所提出的确定性效应的理论分析,包括不同条件时的风险厌恶和风险寻求,其次是对孤立效应(Isolation Effect)的界定和经济解释,最后这一理论还提出了反射效应(Reflection Effect)。② 前景理论的解释能力和范围在 Quiggin 的研究基础上进一步得到扩充③,形成了累计前景理论(Cumulative Prospect Theory)④。经过四十多年的发展,前景理论在价值函数、权重函数和两个函数的组合规则及影响方面取得了长足进步,该理论的解释力也越来越强。

在博彩研究领域,前景理论及相关理论也逐步受到学者重视。李英等都以决策效用理论为研究基础对体育彩票消费者的行为进行了研究。⑤ 通过效用函数在亏损和盈利域中的不同函数形式进行分析研究表明,彩民的彩票购买动机完全来源于对极低概率的高估;同时,生长环境的不同导致每人的权重函数和价值函数都有不同,所以当前表现出的购彩行为与有所缺欠的传统经济学彩民消费行为的分析有很大的出入。⑥ 因此,前景理论在解释彩票消费者行为方面比传统经济学的效用理论更加合理。李英的文章以论述当时彩民购彩的基本情况为主,对于作者提出的以消费行为理论和决策效用理论为基础的说法在文中体现并不是很多,内容也并无较多新颖之处,同时文章出现是对于福彩进行论述还是对于体彩进行论述有着多处矛

---

① D. Kahneman & A. Tversky, Prospect Theory: An analysis of decision under risk [J]. *Econometrica*, 1979,47(2): 263-292. A. Tversky, & D. Kahneman, Judgment under uncertainty: heuristics and biases [J]. *Science*, 补年代 185: 1124-1131.

② 孤立效应是指行为人在面对不同前景理论所提出的各种选项中进行选择的问题时,会忽视所有前提基础所共有的部分;反射效应是指当正负前景的绝对值相等时,行为人在两种前景之间的选择呈现镜像关系;同时,两位作者为弥补纽曼和摩根斯坦提出的效用理论所不能解释关于个人行为特征的问题提出了 PT 模型。参见王平、徐选华:《前景理论研究综述》,《企业技术开发》2005 第 12 期。

③ J. Quiggin, A theory of anticipated utility [J]. *Journal of Economic Behavior & Organization*, 1982,3(4): 323-343.

④ A. Tversky & D. Kahneman, Advances in prospect theory: Cumulative representation of uncertainty [J]. *Journal of Risk and Uncertainty*, 1992,5(4): 297-323.

⑤ 参见李英:《体育彩票消费者行为研究》,《西安体育学院学报》2003 年第 2 期;周珂、周艳丽:《体育彩票市场消费者行为的经济学分析》,《北京体育大学学报》2004 年第 5 期;刘玉、詹兴永:《体育彩票消费者行为的前景理论研究》,《四川体育科学》2008 年第 1 期。

⑥ 参见刘玉、詹兴永:《体育彩票消费者行为的前景理论研究》,《四川体育科学》2008 年第 1 期。

盾[①];由于文章写作于 2003 年,还处于彩票相关研究的初期,所以此时能从这样一个角度对彩民消费行为进行研究也算是创新之举。周珂等人的研究内容与结论同李英的研究大同小异,只是在建议上稍有不同,不再赘述。

二、购彩行为的界定与分类

Kassinove 认为,彩民的购彩行为是以某种有价值事物作为赌注的,综合技术和运气等对结果产生影响因素的危险行为(risky behavior)。[②] 王爱丰对彩民购彩行为的界定是:彩票消费者购买彩票用以满足自身需要过程中的具体表现和各种活动,具体表现在消费者何时购买、何处购买、如何购买、购买的能力等方面。[③] 王斌等认为,彩民购彩行为是彩民为满足自身需要,参与体育彩票购买中表现出来的各种行为特征,具体表现在购买金额、频次、类型和购彩年限等方面。[④]

在对购彩行为进行界定时,许多学者着重突出彩民为满足自身需求在购彩过程中表现出的消费习惯;但从消费者行为特征的内涵表述来看,这种界定尚未体现出彩民消费过程中影响因素的作用。在本研究中,我们从彩民购彩认知角度出发,对购彩行为进行操作性定义,即彩民在购彩过程中基于对彩票认知所表现出来的特征。我国体育彩票目前有即开型、竞猜型、数字型和乐透型四种类型,不同彩票类型在游戏规则、开奖频率、开奖方式、返奖率、奖池大小等游戏结构特征表现上存在显著差异。又由于彩民群体的多元性,使得不同的彩票游戏与彩民消费偏好之间的联系存在着独特性[⑤],因此,不同玩法偏好的体育彩票彩民的购彩行为特征应该存在异质性。

姚纳斯和风笑天对江苏某县的即开型彩票彩民的购彩行为特征进行了初步研究,发现这类彩票游戏玩法的彩民购彩行为主要表现为以下几个方

---

① 参见周珂、周艳丽:《体育彩票市场消费者行为的经济学分析》,《北京体育大学学报》2004 年第 5 期。

② J. L. Kassinove, Development of the Gambling Attitudes Scales: Preliminary findings [J]. *Journal of Clinical Psychology*, 1996,54(6): 763-771。

③ 参见王爱丰:《南京体育彩民消费行为与动机的研究》,《广州体育学院学报》2004 年第 2 期。

④ 参见王斌、史文文、刘炼:《体育彩民的界定及购彩心理与行为特征》,《华中师范大学学报(人文社会科学版)》2013 年第 2 期。

⑤ 参见王斌、樊荣、刘炼、吴林隐、雷雨:《不同玩法偏好体育彩民购彩心理与行为特征研究》,《西安体育学院学报》2016 年第 4 期。

面的特征。

第一，表现出明显的“集群行为”，个体消费相互依赖性强，特别是集中式即开型彩票销售现场更为突出。

第二，购彩群体主要来自周边地区，生活条件差且压力较大，多以中大奖致富为目的，娱乐和投资导向的消费群体较少。

第三，多以他人行动结果为参照系，表现出对他人中奖的羡慕和捞本心理，例如“别人中了大奖，我也想中”“赔本了，再买说不定就能中奖，把本捞回来”[①]等。

第四，感情用事、易冲动，研究发现 62.3％的彩民在购彩时超过自己的预期消费量，表现出“购买—后悔—冲动—购买”的循环购彩模式。

第五，运气转嫁，认为自身过去一段时间运气不错，希望在购彩中延续这种状态，或让运气好的人帮自己抽取彩票等。

王毅和高文斌在对我国 6 省 25 个地市的电脑型彩票彩民基本特征的研究中重点关注了人口学特征、投入情况及购彩动机（娱乐、献爱心和中大奖），而对于彩民的购彩行为描述较少，仅对机选号码还是自选号码的选号方式作了对比，但并未进一步对不同选号方式的选择原因进行深入讨论。需要注意的是，作者在文章中提到研究中的彩民职业结构与部分研究结论差异较大，这种差异很可能与调查样本的采集地点较为集中有关，样本代表性较差[②]；但由此我们可以发现彩民在选择购彩地点时更偏好自己经常活动区域内的网点，这一结论在分析“彩民如何选择购彩地点”这一购彩行为特征时较有意义。

除此之外，还有部分学者在研究中发现了彩民在购彩过程中的较有特点的行为表现。例如，刘炼等发现，90％的老年体育彩票彩民（60 岁以上）虽然月购彩金额占比低于 10％，时间投入不超过 1 小时，但花较长时间待在销售网点，他们参与购彩主要是为增加社会参与、丰富业余生活，而且研究发现购彩频率正向预测社会支持，随着购彩频率的提升，购彩行为在宣泄不良

---

① 姚纳斯、风笑天：《对现场摸奖行为的社会学分析》，《福建论坛（人文社会科学版）》2004 年第 5 期。

② 参见王毅、高文斌：《2126 名电脑型彩票彩民的基本特征》，《中国心理卫生杂志》2010 年第 4 期。

情绪、提升生活乐趣方面的影响也在不断增强。① 史文文等认为，购彩行为特征应主要包括购买彩票的金额、次数、时间、投注方式与选号方式等，同时提到问题彩民的购彩行为特征突出表现在金额、频率、花费时间等与正常彩民相比严重“超载”，甚至有的通过偷窃、借款等方式获取彩金。②

王斌等把彩民的购彩行为特征分为购彩金额、购彩频率、购彩类型、购彩年限四个维度。③ 刘炼等基于 ROC 曲线对体育彩票彩民的购彩支出占月收入比、月购彩金额、月购彩频次和每次购彩前研究时间进行分析，得出 4 个低风险阈限值分别为 5%、100%、15 次和 20 分钟，由此作为界限把彩民的购彩行为分为正常行为和低风险行为。④ 在随后的研究中，王斌等把彩民购彩行为特征进一步归总划分为四个维度，分别是了解途径、购彩能力、购彩积极性和购彩前时间投入，不同玩法偏好彩民在不同购彩行为特征维度下的差异如表 2-1 所示。⑤ 在这一时间段内，采用这种购彩行为分类方法进行研究的还包括王妮娜⑥、马红宇等⑦、邵继萍等⑧、杨柳⑨等，除上述维度外，还包括购彩习惯（时间、频率）、购彩倾向（字谜、机选、守号、自选）等。

笔者认为，学者在此提出的“了解途径”这一维度具有较强的实践意义，特别是通过这一维度的数据可以了解不同玩法偏好彩民的信息搜集渠道差异，对于体育彩票机构在履行社会责任中如何侧重不同彩民群体开展不同

---

① 参见刘炼、王斌、叶绿、罗时、樊荣：《老年人购买体育彩票的积极心理效应——幸福度的促进机制研究》，《天津体育学院学报》2014 年第 1 期。

② 参见史文文、王斌、马红宇、罗小兵、蔡宇轩：《问题彩民的购彩心理与行为特征》，《心理科学进展》2012 年第 4 期。

③ 王斌、史文文、刘炼：《提与彩民的界定及购彩心理与行为特征》，《华中师范大学学报（人文社会科学版）》2013 年第 2 期。

④ 参见刘炼、王斌、黄显涛、李改、胡月：《提与彩民低风险购彩行为阈限于危害的剂量—反应关系研究》，《天津体育学院学报》2015 年第 5 期。

⑤ 王斌、樊荣、刘炼、吴林隐、雷雨：《不同玩法偏好提与彩民购彩心理与行为特征研究》，《西安体育学院学报》2016 年第 4 期。

⑥ 参见王妮娜：《“学生彩民”购彩心理与行为特征调查研究》，华中师范大学硕士学位论文，2011 年。

⑦ 参见马红宇、吴艳萍、刘炼、史文文、王斌：《不同性别体育彩民购彩行为现状分析》，《北京体育大学学报》2012 年第 6 期。

⑧ 参见邵继萍、刘炼、王斌：《老年体育彩民购彩心理与行为特征》，《武汉体育学院学报》2012 年第 7 期。

⑨ 参见杨柳：《全国“三高”彩民购买体育彩票的心理与行为特征调查研究》，华中师范大学硕士学位论文，2011 年。

渠道平台的彩民教育、进行有效的责任宣传等意义重大。

表 2-1　　不同玩法偏好彩民的购彩行为的部分特征差异[①]

	竞猜型彩民	高频型彩民	即开型彩民	数字乐透型彩民
了解途径	网络(54.5%)	分散	—	网点宣传(34.6%)
购彩能力	1	4	3	2
购彩积极性	1	4	3	2
购彩前时间投入	1	3	4	2

注:表中数字表示购彩行为维度的程度,从 1 到 4 程度依次降低。

叶林娟把彩民购彩行为分为 6 个维度,分别是:①行为意向,指彩民是否有购彩的想法,愿意尝试购彩的程度以及愿意付出多少努力;②行为态度,指彩民对他人或自己的购彩行为的评价意见,是肯定、否定还是中性;③主观标准,指彩民对购彩行为所感知到的社会压力;④主观控制,彩民对购彩行为难易程度的感知;⑤行为信念,指彩民对自身购彩行为可能导致的结果的感知;⑥服从行动,指彩民对购彩行为标准信念的认同和服从程度。[②] 这一分类对于彩民购彩行为的界定存在歧义或模棱两可的情况,综观 6 个维度,我们很难区分其所包含的内容是侧重于彩民在购彩的整个过程中的具体行为方式,还是侧重于这一过程中所表现出的心理状态。

除上述分类之外,还有两位学者从理性消费的角度对彩民购彩行为进行了分类。张朝霞根据理性购买行为理论,将彩民购彩行为特征分为两个维度:理性购买维度和非理性购买维度。[③] 孟印对数字三型彩票技术型彩民的行为模式进行了假设,提出了技术型彩民的购买行为的三个特征:一是个性化,即通过自我认可的分析手段和相关指标进行有差异性的号码选择和购彩策略;二是主动性,即侧重对历史数据的定量计算以预测号码,偏好高

---

① 乐透型彩票是指从 N 个号码中选出 M 个号码构成的彩票,而数字型则是指按照规则要求的位数选取数字,组合方式不同决定了奖额的多少,两者存在本质区别;高频彩票应是数字型彩票的一种,作者在研究中对彩票玩法的分类存在一定问题,不再赘述。

② 叶林娟:《上海市体育彩票消费中问题购彩行为及其心理机制研究》,华东师范大学硕士学位论文,2010 年。

③ 参见张朝霞:《西安市彩民人格、成就动机与购彩行为的关系研究》,陕西师范大学硕士学位论文,2010 年。

频彩票(如 11 选 5 等);三是非理性化,即易受环境影响,表现出明显的追逐行为,使自我陷入较大的压力之中。

通过对已有的彩民购彩行为分类评述,可以对目前彩民购彩行为的主要特征进行汇总,如表 2-2 所示。

表 2-2　我国体育彩票彩民购彩行为特征分类汇总

维度数量	维度描述
2 维度	理性购彩行为、非理性购彩行为
2 维度	正常行为、低风险行为
3 维度	个性化、主动性、非理性化
4 维度	购彩金额、购彩频率、购彩类型、购彩年限
4 维度	了解途径、购彩能力、购彩积极性、购彩前投入时间
6 维度	行为意向、行为态度、主观标准、主观控制、行为信念、服从行动

除上述分类外,部分学者未对彩民购彩行为进行分类,但也提出了部分购彩行为特征,在此一并列出,其中包括集群性行为、示范性行为、就近消费行为、冲动行为、运气转嫁、购彩倾向(选号方式)等。

三、购彩行为评价量表

对彩民购彩行为进行科学的评价和归类是对问题彩民进行合理有效帮扶干预的先决条件。[①] 从国内外的研究来看,目前已经有超过 20 个评价工具用于对彩民的评测、检验、诊断、治疗计划制定、治疗效果评定、人口特征调查等。[②] Volberg 和 Banks 表示,尽管存在各式各样的彩民评价量表,但也仅有两个评价工具在评价彩民购彩行或及问题购彩时较为有效。虽说这一

① H. Li, L. L. Mao, J. J. Zhang & J. X. Xu, Classifying and profiling sports lottery gamblers: A cluster analysis approach [J]. *Social Behavior and Personality: An International Journal*, 2015,43(8): 1299-1318.

② M. W. Abbott & R. A. Volberg, The measurement of adult problem and pathological gambling [J]. *International Gambling Studies*, 2013,6(2): 175-200. R. Stinchfield, R. Govoni & G. R. Frisch, "Screening and assessment instruments" [M]. In J. E. Grant & M. N. Potenza, eds., *Pathological gambling: A clinical guide to treatment*. Washington, DC: American Psychiatric Association, 2004.

论断过于极端，但也从一个层面表现出当前彩民购彩行为评价量表数量庞杂且质量参差不齐的现状。[①]

在一定条件下，部分评价工具确实可有效用于对彩民个体和群体的行为特征进行描述剖析。根据这些特征，相关研究可以对彩民的购彩行为特征进行较好的评判，同时根据不同的特征对彩民进行合理评价并分类。[②] 从前研究来看，已有国外学者采用 Diagnostic and Statistical Manual of Mental Disorders（DSM-IV）、The South Oaks Gambling Screen（SOGS）、The Chinese Version of Gambling Related Cognition Scale（GRCS-C）、Problem Gambling Severity Index-Chinese Version（PGSI-C）等 4 个量表对我国香港、澳门、台湾以及国外华人社区的彩民行为或认知状况进行了调查。[③]

DSM 是美国精神病学会（American Psychiatric Association，APA）编制的用于对精神障碍进行测量和分类的使用手册。初版于 1917 年发布，从第 3 版开始，DSM 开始从 5 个维度对个体的心智、情绪和身体健康进行评测，尽可能全面地对个体情况进行诊断。[④] 在第 4 版中，APA 将彩民的博彩问题列入冲动控制障碍（Impulse Control Disorers Not Elsewhere Classified）。随后，越来越多的行为、病原学和临床实证数据发现了彩民购彩问题与成瘾

① R.A. Volberg & S. M. Banks, A review of two measures of pathological gambling in the United States [J]. *Journal of Gambling Studies*, 1990, 6(2): 153-163.

② C. Anderson, The end of theory: The data deluge makes the scientific method obsolete [J]. Wired Magazine, 16, 35-40.

③ M. W. Battersby, L. J. Thomas, B. Tolchard & A. Esterman, The South Oaks Gambling Screen: A review with reference to Australian use [J]. *Journal of Gambling Studies*, 2002, 18: 257-271. H. R. Lesieur & S. B. Blume, The South Oaks Gambling Screen (SOGS): A new instrument for the identification of patholocial gamblers [J]. *The American Journal of Psychiatry*, 1987, 144: 1184-1188. Oei, T. P., Lin, J., & Raylu. Validation of the Chines Version of the Gambling Related Cognitions Scale (GRCS-C) [J]. Journal of Gambling Studies, 2007, 23(3): 309-322. J. M. Y. Loo, P. S. O. Tian & N. Raylu, Psychometric evaluation of the Problem Gambling Severity Index-Chinese Version (PGSI-C) [J]. *Journal of Gambling Studies*, 2011, 27(3): 453-466. C. S. Tang, A. M. Wu, J. Y. Tang & E. C. Yan, Reliability, validity, and cut scores of the South Oaks Gambling Screen (SOGS) for Chinese [J]. *Journal of Gambling Studies*, 2010, 26(1): 145-158. A. M. S. Wu, Screening for college problem gambling in Chinese societies: Psychometric properties of the Chinese Version of the South Oaks Gambling Screen (C-SOGS) [J]. *International Gambling Studies*, 2009, 9(3): 263-274.

④ R. J. Hu, Diagnostic and Statistical Manual of Mental Disorders (DMS-IV) [J]. *Encyclopedia of the Neurological Sciences*, 2003, 25(2): 4-8.

药物依赖之间的相似性。在最新的第 5 版中，彩民的博彩问题被重新归类，纳入药物相关成瘾障碍（Substance-Related and Addictive Disorders），并命名为“博彩障碍”（Gambling Disorder）。[①]

SOGS 由 Lesieur 和 Blume 根据 DSM-III 对病态博彩的分类标准编制而成。该量表共有 16 个大问题，主要对彩民的行为表现、消费数量、自我感知等多个方面进行测量。[②] 在评价彩民的问题购彩上有着较好的适用性，该量表已被翻译为多种语言（例如法语、德语、荷兰语、西班牙语等超过 16 种版本）对各类彩民群体进行了测量。

Raylu 和 Oei（2004）编制了由 5 个维度构成的博彩相关认知量表（Gambling Related Cognition Scale，GRCS[③]）；随后，Oei，Lin 和 Raylu 以 GRCS 为基础编制了博彩相关认知量表中文版（the Chinese Version of the Gambling Related Cognition Scale，GRCS-C[④]），共 23 个条目。基于 GRC 与问题购彩的高度关联性，GRCS-C 可通过对彩民不同认知维度的评价来检测彩民是否存在一定的博彩问题；而且该量表可作为问题彩民临床检测依据或编制针对某一特定认知维度评价工具时的结构基础。

PGSI-C 是从 Ferris 和 Wynne（2001）编制的 Canadian Problem Gambling Index（CPGI）[⑤] 和 Brooker 等编制的原始版 PGSI[⑥] 发展而来。PGSI-C 与 PGSI 的结构相同，共有 9 个条目，在因子分析中表现出较好的模型适配性，在华人社区样本的检验结果较为理想。但目前尚未有学者采用

---

① G. W. Harrison, L. J. Jessen, M. Lau & D. Ross, Disordered gambling prevalence: Methodological innovations in a general Danish population survey [J]. *Journal of Gambling Studies*, 2017,34(6): 1-29.

② H. R. Lesieur & S. B. Blume, The South Oaks Gambling Screen (SOGS): A new instrument for the identification of patholocial gamblers [J]. *The American Journal of Psychiatry*, 1987, 144: 1184-1188.

③ N. Raylu, & T. P. S. Oei, The Gambling Related Cognitions Scale (GRCS): Development, confirmatory factor validation and psychometric properties [J]. *Addiction*, 2004,99(6): 757-769.

④ T. P. S. Oei, J. Lin & N. Raylu, Validation of the Chinese Version of the Gambling Related Cognitions Scale (GRCS-C) [J]. *Journal of Gambling Studies*, 2007,23(3): 309-322.

⑤ J. Ferris & H. Wynne, *The Canadian Problem Gambling Index: Final report* [R]. Ottawa: Canadian Centre on Substance Abuse, 2001.

⑥ I. S. Brooker, I. P. Clara & B. J. Cox, The Canadian Problem Gambling Index: Factor structure and associations with psychopathology in a nationally representative sample [J]. *Canadian Journal of Behavioral Science*, 2009,41(2): 109-114.

该量表对中国大陆彩民的情况进行测量评价，未来还需针对这一区域的样本进行测量评价，以检验该量表在中国彩票彩民群体中的适用性。

随着中国彩票市场的快速发展，由此产生的问题购彩现象已经成为社会各界关注的重要现象。Li 等根据中国大陆彩票的发展背景和彩民的基本情况编制了符合中国国情的问题彩民评价量表(Scale of Assessing Problem Gambling，SAPG)，主要用于评价问题购彩的五个方面的情况：财政情况、社会情况、过度期望、强制性紊乱以及心理压抑表现，以及这些维度与彩民基本购彩行为的关系。① 上述所评价的内容主要体现在以下三个维度：彩民心理状况(如认知偏差、抑郁、偏执等)；危害行为(如投入过多精力和金钱、自我控制失调、撒谎等)；危害(如对自身、家庭及社区的危害)。此外，国内文献中涉及彩民购彩行为的量表还包括《彩民购买行为量表》和《体育彩民购彩心理与行为调查问卷》的“个体行为”分量表。

张朝霞结合部分国外问卷以及对彩民的访谈结果，设计了理性和非理性两个维度的相关调查条目。共有 30 个项目，采用 Likert 5 点计分，都为正向计分。问卷编制参考指标主要包括：彩票认知、购彩观念、风险决策、判断能力、社会感染、盲目跟风、超值预算、贪婪等。② (详见表 2-3)

表 2-3　　彩民购买行为量表

序号	条目
1	朋友们都购买彩票，所以我也经常购买
2	购买彩票的花费经常超出我的预期
3	我用大部分精力关注与彩票相关的咨询
4	我在购买某种彩票后，一直没有中奖，我会坚持买下去
5	赌博中需要一些技巧才容易赢钱
6	我经常选择购买奖金丰厚的彩票

① 参见张朝霞：《西安市彩民人格、成就动机与购彩行为的关系研究》，陕西师范大学硕士学位论文，2010 年。

② H. Li, L, L. Mao, J, J. Zhang, Y. Wu, A. Li & J. Chen, Dimensions of Problem Gambling Behavior Associated with Purchasing Sports Lottery [J]. *Journal of Gambling Studies*, 2011, 28(1): 47-68.

续表

序号	条目
7	我的家人反对我购买彩票,但我坚持购买
8	我在买彩票时一般不会听取别人的意见
9	我买彩票上瘾,不买就觉得失去了中大奖的机会
10	我只要有钱就会去买彩票,有时候会借钱买
11	看到别人中大奖,我就忍不住去试试
12	我很关心自己是否中奖,奖金多少
13	我经常研究选号的规律,来提高中奖的概率
14	如果觉得运气不错,我就回去买彩票碰碰运气,但不会沉迷于购买彩票
15	我每天都会拿出一定金额去买彩票,已经习惯了
16	我购买彩票经常坚持用同一组方案多次重复购买的策略
17	我购买彩票就是为了支持社会公益事业
18	我经常自己选号,不用电脑选号
19	输钱的人通常是没有认真去研究赌博的规律
20	我尝试购买各种类型的彩票,只为娱乐不关心是否中奖
21	我认为购买彩票风险很大
22	我觉得智力因素会影响中奖概率
23	我不是很聪明,对技巧没有研究,所以很少中奖
24	我把购买彩票作为一种投资方式
25	我会买过去一段时间没有出现的号码,认为中奖可能性大
26	我有很多空闲时间,所以经常去买彩票
27	我并不排斥参与类似赌博这样的活动
28	对于所做的每件事,我都要努力完成,使之成为最优秀的
29	如果是应酬需要,我很可能会参与赌博及相关活动
30	我乐于尝试各种博彩活动

王斌等编制了《体育彩民购彩心理与行为调查问卷》，其中购彩行为主要从了解途径、购彩能力、购彩积极性和购彩前时间投入4个维度进行测量，共包括19个条目。详见表2-4。

表2-4　　个体行为(问卷第5部分)

序号	条目
1	购彩的次数和金额越来越多
2	研究彩票的时间越来越长
3	因持续不中奖，而加大投入，期望一次捞回成本
4	为了逃避现实压力而购买彩票
5	为了博大奖，而持续购买彩票
6	见到任何有关数字的事物都会联想到中奖号码
7	曾试图说服自己不再购彩，但都不成功
8	当错过购彩时间时，会感到十分沮丧
9	等待彩票开奖结果期间往往感到压抑或焦虑
10	因购彩持续不中奖，而内心焦躁不安或沮丧抱怨
11	脑海里总是想着彩票的事，影响到工作和生活
12	因购彩而与亲友发生冲突
13	曾因持续不中奖，而自暴自弃
14	购彩金额占用了生活开支的绝大部分
15	曾借钱购彩，且经常拖欠债务
16	曾动用公款购买彩票
17	因购买彩票而身体消瘦
18	因购买彩票而经常失眠
19	因购买彩票而减弱对其他事物的兴趣

四、彩民购彩行为的相关影响因素

研究发现，彩民的购彩行为以及问题购彩受到来自各方面因素的影响，例如环境、社会、家庭、心理、生理等。[①] Rogers 表示，博彩活动在本质上可以看作是一种经济交换，在这一过程中彩民在必然的损失和不确定的获利这两种选择中进行不断权衡。[②] Kusyszyn 也认为，彩民的购彩行为是受到中奖的刺激和输钱的驱动两个因素的影响。[③] 然而，在规范性理论的指导下，从长远角度来看，如果彩民可以在这一经济交换活动中获利，他才有理由进行下注。对于规范性理论的一种基本假设就是人的行为是理性的，从而也是最佳的。

但有研究发现，彩民的长期博彩行为不会为他们带来收益，因此他们从来不采用最佳策略。[④] 这种现象在博彩消费过程中尤为明显，因为彩民中奖的概率太小了以至于可以说他们几乎没有中奖的机会。[⑤] 因此，规范性模型面临的一个很重要的问题就是，为什么面对不断增加的损失，购买彩票的彩民不随之修正他们的博彩行为。[⑥]

一种可能的原因是，相对来说，彩民在投注过程中的成本较小或基本感知不到，且长期投注的预期收益基本为零，但是时间成本会慢慢积累变大。[⑦] 此外，有实验发现，博彩的相对成本[⑧]影响投注本身的程度。[⑨] 因此，人们选

---

① 参见 A. Parke, M. Griffiths & P. Irwing, Personality traits in pathological gambling: Sensaton seeking, deferment of gratification and competitiveness as risk factors [J]. *Addiction Research*, 2004, 12(3): 201-212. T. P. Oei & N. Raylu, Familial influence on offspring gambling: A cognitive mechanism for transmission of gambling behavior in families [J]. *Psychological Medicine*, 2004, 34(7): 1279-1288.

② P. Rogers, The cognitive psychology of lottery gambling: A theoretical review [J]. *Journal of Gambling Studies*, 1998, 14(2): 111-134.

③ I. Kusyszyn, How gambling saved me from a misspent sabbatical [J]. *Journal of Humanistic Psychology*, 1977, 17(3): 19-34.

④ W. A. Wagenaar, *Paradoxes of gambling behavior* [M]. London: Routledge Library Editions: Addictions, 1988.

⑤ M. B. Walker, *The psychology of gambling* [M]. Oxford: Pergamon Press, 1992.

⑥ P. Rogers, The cognitive psychology of lottery gambling: A theoretical review. Journal of Gambling Studies, 1998, 14(2): 111-134.

⑦ P. Rogers, The cognitive psychology of lottery gambling: A theoretical review. Journal of Gambling Studies, 1998, 14(2): 111-134.

⑧ 相对成本，又称“单位效用成本”，是指一次购买行为中顾客耗费的时间和费用与获得的效用之间的比例。

⑨ W. A.Wagenaar, *Paradoxes of gambling behavior* [M]. London: Routledge Library Editions: Addictions, 1988.

择参与博彩一定基于一些非金钱的原因。这些原因可以从彩民在博彩过程中对愉悦的感知或其主观效用反映出来，例如购彩的兴奋、战胜概率的挑战性或者来自博彩行为本身固有的一些社会奖励。

通过前人研究可以发现，彩民的购彩行为主要受到外部和内部两个大环境所包含因素的影响。内部影响主要是彩民自身心智特点在购彩行为中的具体表征，如认知偏差、孩童经历内生演化、人格特质等。外部影响主要是彩民通过对外部情境的感知在购彩过程中通过具体行为进行反馈，如政策、社会支持、游戏结构特征、家庭环境。

（一）购彩认知

通过文献回顾可以发现，部分彩民在购彩认知方面持有很多错误观点，比如，通过购彩可获取大量收益，长期购彩并积累经验会获取更好的中奖条件，只要坚持投注就会获得收益，等等。这实际上是一种认识障碍或称认识偏差。

所谓认知，一半是指外部刺激进入大脑之后的内部加工过程，它包括信念和信念体系、思维和想象等；概括来说，信念就是个人对某件事物的看法。Tversky 和 Kahneman 表示，认知障碍（Cognitive Distortion or Biased in cognition）就是由于个体信息加工能力的局限性，在个体决策过程中，个体的判断和决策会产生偏差。① 白彩梅等认为，认知障碍在彩民消费过程中的表现尤为突出，是问题彩民产生的因素之一。尽管号码的出现是随机的，但由于彩民对彩票了解的主观性、片面性以及媒体和发行机构的不当宣传使得彩民非理性的消费行为问题越来越严重。② 温磊等认为，这种障碍病症是彩民对于购彩活动的先入之见，这种认知建立在许多固有的信仰之上，使得人们对于某种事物的看法已十分偏执，超出了个人心态所能控制的范围，而为群体所共有。③

---

① A. Tversky & D. Kahneman, Judgment under uncertainty: Heuristics and biase [A]. In A. Tversiky, P. Slovic & D. Kahneman, eds., *Judgment under uncertainty*: *Heuristics and biases* [C]. NY: CUP, 1982: 141-162.

② 参见白彩梅、王树明、马文飞、叶林娟：《体育彩票消费中问题购彩的认知偏差研究》，《体育科学》2009 年第 10 期。

③ 参见温磊、王燕：《体育彩票消费中彩民的认知偏差研究》，《运动》2010 年第 7 期。

Griffiths 和 Rogers 分别从广义（博彩）和狭义（游戏）两个方面给出了彩民在消费过程中认知障碍（或偏差）包含的几个方面：控制错觉（illusion of control）、认知遗憾（Cognitive Regret）、概率谬误（Probability Fallacy）、认知诱捕（Cognitive Entrapment）、迷信思想（Superstition）。①

1.控制错觉

Langer 通过对 631 个实验者进行六轮不同的实验后发现，在"偶然事件在一定程度上可以受到控制"这一假设的前提下，一个人对不合理事件成功的期望比对事件成功的客观概率的期望要高。主试在对 Study 2、Study 3、Study 5、和 Study 6 这四个实验的观察中发现，由于被试可以控制自己所选择的号码，所以他们在实验中盲目地表现出对于自己所选择的号码将要中奖的自信。② Langer 首次提出了彩民在消费过程中会表现出控制错觉等问题，同时他还创新性地设计了 6 个相互联系、相互补充的实验，对彩民在消费过程中的心理状态作了十分详细的描述和评价。BarHillel 和 Neter 通过实证研究发现，尽管某一彩票在每期开出号码的中奖概率都是相同的，但彩民绝对不会拿自己的号码跟别人进行对调，因为他们始终相信自己的号码会中奖。③ Hill 和 Williamson 在对英国彩民的研究中发现，大多数彩民的投注号码都是自己选择的，只有少量彩民会进行随机选号。这是因为大部分彩民都认为自己选择的号码会对结果产生影响。④

我们可以把赌徒谬误看作是控制错觉的一个分类。Clotfelter 和 Cook 认为赌徒谬误是指，尽管从客观上来讲同一事件前后发生两次是相互独立且概率也彼此相同，但人们还是普遍认为该事件发生之后短期内再发生的

---

① M. Griffiths, The cognitive psychology of gambling [J]. *Journal of Gambling Studies*, 年份 6(1): 31-42. P. Rogers, The cognitive psychology of lottery gambling: A theoretical review [J]. *Journal of Gambling Studies*, 1997, 14(2): 111-143.

② E. J. Langer & J. Roth, Heads I win, tails it's chance: The illusion of control as a function of the sequence of outcomes in a purely chance task [J]. *Journal of Personality & Social Psychology*, 1975, 32(6): 951-955.

③ M. Barhillel & E. Neter, Why are people reluctant to exchange lottery tickets [J]. *Journal of Personality and Social Psychology*, 1996, 70(1): 17-27.

④ E. Hill, & J. Williamson, Choose six numbers, any numbers [J]. *The Psychologist: Bulletin of the British psychological Society*, 1998, 11(1): 17-21.

概率将会降低。[①] Terrell 在一项关于新泽西州排列三游戏的研究调查数据中发现，由于赌徒谬误问题的存在，当某个排列出现时，人们普遍认为该排列短期内再次出现的概率会很小，甚至是几乎不可能出现；而当某个排列在相当长一段时期内未开出时，人们则认为这个排列将在近期出现，并且概率会很大。[②] 我们认为，高频率开奖事件会不断地促使彩民进行所谓的"技术型"投注，而这种高频率与赌徒谬误之间的交互作用能否对彩民消费行为产生不利的影响，还是单一条件会对其行为产生影响，是需要继续研究的问题。

2.认知遗憾

Holtgraves 和 Skeel 在两个实验中分别将 Kahneman 提出的代表性启发式(Representativeness heuristic)和锚定和调整启发式(anchoring adjustment heuristic)作为研究基础，发现：①受试者普遍认为基于单一事件的彩票比基于间隔事件的彩票中奖概率要大；②受试者更偏向于用自己研究出的号码投注，而不愿意一直用重复的相同的号码。[③] 正是彩民对于参与博彩这一行为能否获利以及有多少概率可以获利都有着自己独到的看法并充满自信，以至于在开奖之后对于没有中奖这一结果会相当失落，这时就会出现"认知遗憾"(Cognitive Regret)。笔者认为，高频体育彩票在短时间内多次开奖的特征对于彩民的认知遗憾会有更强烈的影响。上文所提到的认知遗憾在一定程度上同 Reid 提出的 Near Miss 极为相似，他认为在博彩游戏中，尽管两次游戏结果发生的概率是相互独立的，但是大多数行为人还是会认为 Near Miss 的出现会影响下次游戏的结果。[④] 但是一些商业性的博彩游戏，特别是即开型和老虎机等，在设计上都会加大 Near Miss 发生的概率，正是由于大多数行为人不了解其中的概率情况，并且由于 Near Miss 的频繁出现，导致他们消费行为失常。

---

① C. T. Clotfelter & P. J. Cook, Lotteries in the real world [J]. *Journal of Risk and Uncertainty*, 1991,4(3): 227-232.

② D. Terrell, A test of the gambler's fallacy: Evidence from pari-mutuel games [J]. *Journal of Risk and Uncertainty*, 1994,8(3): 309-317.

③ T. Holtgraves & J. Skeel, Cognitive biases in playing the lottery: Estimating the odds and choosing the numbers [J]. *Journal of Applied Social Psychology*, 1992,22(12): 934-952.

④ R. L. Reid, The psychology of the near miss [J]. *Journal of Gambling Behavior*, 1986,2(1): 32-39.

3.概率谬误

这一认知障碍是指彩民对两个独立事件发生之间存在着某种关联的错误认识。具体说来,即一件事情发生过,近期再发生的概率就会降低,反之则会升高。① 由于这一错误认知的存在,使得“机会”成为一个可以自我修正错误(self-correcting)的过程。② Rogers 和 Webley 在一项以英国国家彩票消费者为样本的实验中发现,当被试被要求从前一期开奖号码中挑选出与下一期开奖号码相同的号码时(选项为 0 个、3 个和 6 个),与偶尔购彩和不购彩的被试相比,经常购彩的被试更偏向于选 0 个或 3 个,并不是说只有经常购买彩票的消费者才会抱有这种想法,只是他们对这种想法的立场更加坚定。不仅仅只有彩票消费者才会面临这种问题,任何博彩玩法的消费者都会因为长期没有中奖从而会感觉到自己在近期会中奖,百家乐、21 点、德州扑克等玩法的消费者普遍认为如果之前的牌较差,那么下一次发给自己的牌肯定会不错。③

白彩梅等认为概率问题是博彩过程的核心问题之一,并表示彩民之所以进行博彩行为,正是因为不了解中奖的概率有多大。④ Rogers 和 Webley 发现,在英国仅有 1/3 的被调查的彩民知晓中头奖的概率大约为 1/1400 万⑤。同时,Wagenaar 对投注环境进行模拟操作并对许多游戏结构特征进行控制,其实验发现大部分彩民在这一过程中考虑的是游戏的公平、价格适中以及奖池大小等因素,而基本上都不会考虑中奖的概率问题⑥。Runciman 也

① C. T. Clotfelter & P. J. Cook, The gamblers fallacy in lottery play [J]. *Management Science*, 1993,39(12): 1521-1525.

② A. Tversky & D. Kahneman, “Judgment under uncertainty: Heuristics and biase” [A]. In A. Tversiky, P. Slovic & D. Kahneman, eds., *Judgment under uncertainty: Heuristics and biases* [C]. NY: CUP, 1982: 141-162.

③ P. Rogers & P. Webley, “It could be us! ”: A cognitive & social psychological factors in UK national lottery play [J]. *Applied Psychology*, 2001,50(1): 181-199.

④ 白彩梅、王树明、马文飞、叶林娟:《体育彩票消费中问题购彩的认知偏差研究》,《体育科学》2009 年第 10 期。

⑤ P. Rogers & P. Webley, “It could be us! ”: A cognitive & social psychological factors in UK national lottery play [J]. *Applied Psychology*, 2001,50(1): 181-199.

⑥ W. A. Wagenaar, *Paradoxes of gambling behavior* [M]. London: Routledge Library Editions: Addictions, 1988.

表示,尽管英国媒体对这一中奖概率曾有过报道,但是彩民还是不予重视。[①]对于这一概率的认知,也许是彩民仅仅从数字上对中奖概率有一个大致的了解,而不清楚这一概率到底有多小;也可以说,在彩民的日常生活中,他们没有一个更直观的对这一概率的认知。Plous 在研究中指出,行为人对于随机事件发生概率的认识要比对于随机事件本身的认识的偏差要更大,用直觉来判断随机事件发生的概率是不准确的,尤其是在博彩过程中。[②] 人们对于精确判断概率的能力是很低的,直观来说就是人们总是低估高概率事件的发生而高估低概率事件的发生。[③] Denes-Raj 和 Epstein 在实验中发现,人们总是凭借直觉来判断事件发生概率的大小。尽管在实验中已明确告知 2 号碗中的红色糖果多于 1 号碗,且 1 号碗中红色糖果所占比重要高于 2 号碗,但大多数被试还偏向于从 2 号碗中抓红色糖果。他们更偏向于数量而非概率,"感觉"从 2 号碗中更能抓到红色糖果,他们凭借直觉作出判断而非理性判断。[④]

对于这种现象,可以用启发式方法(Heuristics)或经验法则(Rules of thumb)去解释,这是人们凭借直觉对某一事件的发生作出判断的核心内容。正是由于人们在日常生活中无法彻底搜集与某一事件相关的所有信息,从而促使人们的判断带有经验的性质;在一定程度上,这一手段确实能够帮助人们接近对于真实事件的理解。[⑤] 但是在博彩行为中,对于相关事物认知的不精确性导致了各种成本的上升。有学者认为,启发式的认知模式是不理性行为(Irrational behaviours)的核心影响因素。[⑥]

启发式认知模式可以分为两种。一种是可获得性启发式(Availability Heuristic)。可获得性启发式是指决策者通过回忆起或知觉到某一事件的

---

① D. Runciman, A Load of Balls [N]. *The Sunday Telegraph Review*, 1996-2-25.

② S. Plous, Psychological mechanisms in the human use of animals [J]. *Journal of Social Issues*, 1993,49(1): 11-52.

③ A. Tversky, P. Slovic & D. Kahneman, The Causes of preference reversal [J]. *The American Economic Review*, 1990,80(1): 204-217.

④ V. Denes-Raj & S. Epstein, Conflict between intuitive and rational processing: when peope behave against their better judgement [J]. *Journal of Personality and Social Psychology*, 1994,66(5): 819-829.

⑤ S. Plous, *The psychology of judgment and decision making* [M]. New York: McGraw-Hill series in social psychology, 1993.

⑥ N. S. Sutherland, *Irrationality: The enemy within* [M]. London: Constable and Company, 1992.

难易程度来评估其发生概率的过程。[①] 除此之外，还有一些因素可以或多或少地影响这种可获得性偏好，例如事件所外显的不寻常的（unusual）、独特的（salient）和有区别的（distinctive）特征[②]以及这些特征有多大的刺激性（arousing）[③]。在博彩过程中偶尔赢一点小钱对大部分彩民来说是一个愉快的经历，赢钱事件外显特征因素的特殊性要高于输钱事件，在这种因素的影响下，彩民会在主观上提高赢大奖这一事件发生的概率。[④]

另一种是代表性启发式（representativeness heuristic）。代表性启发式表示人们判断某一事件发生的概率大小主要受到对这一事件或相关事件的熟悉程度及以往经验的影响。Holtgraves 和 Skeel 在两个实验中分别将 Kahneman 提出的代表性启发式与锚定和调整启发式作为研究基础发现：受试者普遍认为基于单一事件的彩票比基于间隔事件的彩票中奖概率要大；受试者更偏向于用自己研究出的号码投注，而不愿意一直用重复的相同的号码。[⑤] 正是彩民对于参与博彩这一行为能否获利以及有多少概率可以获利都有着自己独到的看法并充满自信，以至于在开奖之后对于没有中奖这一结果会相当失落，这时就会出现认知遗憾。这与"差点赢"极为相似，尽管两次游戏结果发生的概率是相互独立的，但是大多数行为人还是会认为"差点赢"的出现会影响下次游戏的结果。[⑥]

---

① A. Tversky & D. Kahneman, "Judgment under uncertainty: Heuristics and biase" [A]. In A. Tversiky, P. Slovic & D. Kahneman, eds., *Judgment under uncertainty: Heuristics and biases* [C]. NY: CUP, 1982: 141-162. A. Tversky & D. Kahneman, Availability: A heuristic for judging frequency and probability [J]. *Cognitive Psychology*, 1973,5(2): 207-232.

② D. T. Miler & C. McFarland, Counterfactual thinking and victim compensation: A test of Norm theory [J]. *Personaility and Social Psychology Bulletin*, 年份 12(4): 513-519.

③ R. E. Nisbett & L. Ross, Human inference: Strategies and shortcoming of social judgment [A]. In C. Cherniak, eds., *The Philosophical Review* [C]. Durham, NC: Duke University Press, 1983: 462-465. S. T. Fiske & S. E. Taylor, *Social Cognition: From brains to culture (2nd edition)* [M]. London: SAGE Publications Ltd, 2013.

④ E. Hill & J. Williamson, Choose six numbers, any numbers [J]. *The Psychologist: Bulletin of the British psychological Society*, 1998,11(1): 17-21.

⑤ T. Holtgraves & J. Skeel, Cognitive biases in playing the lottery: Estimating the odds and choosing the numbers [J]. *Journal of Applied Social Psychology*, 1992,22(12): 934-952.

⑥ R. L. Reid, The psychology of the near miss [J]. *Journal of Gambling Behavior*, 1986,2(1): 32-39.

4.认知诱捕

彩民在购彩过程中对随机性的错误认知的另一种表现形式为认知诱捕,这是一种较典型的对沉没成本的认知偏差(Sunk Cost Fallacy),本质上就是彩民对自身中奖可能性的错误认识,从而导致彩民高估其中奖概率。

彩民表现出的认知诱捕与新古典经济学给出的理性假说相悖,新古典经济学认为人的决策与边际收益及成本密切相关,与沉没成本的存在与否没有过多联系,而现实并非如此。研究发现,尽管彩民已在前期流失了大量成本,但他们仍然"感觉"需要继续投入大量的时间和金钱进行投注,因为之前付出得太多了,现在还不是停止的时候;在这种情况下,如果迫使彩民减少其投注,则会使他们感觉丢掉了赢回前期投入成本的机会。① 这同再多花10分钟去等一辆可能永远不会来的公交车是一个道理。② 彩民每次都用同一注号码进行投注的现象就可以很好地解释上面这种情况。有研究显示,大约有60%的英国国家彩票消费者每周都会用同一注号码进行投注,他们认为如果换掉其中一个或几个号码就可能会丢掉一次中奖机会,更有彩民由于"感知到"所谓的"潜在中奖机会"而在某一期对他的那一注号码进行双倍或多倍投注,从而加重认知诱捕的程度。③

除了金钱成本,在投注过程中花费的时间成本以及研究博彩玩法本身付出的努力都会影响彩民的认知诱捕。例如,对赛马、赛狗的整体分析,老虎机转速模式与中奖的关系,记牌,对已开奖号码的分析等。就赛马、赛狗、足彩、篮彩等竞猜型彩票来说,对马匹的血统和近期表现、球队的转会信息和球员状态及各盘口的波动等信息的分析确实能在一定程度上提升中奖的概率,但就完全随机的博彩游戏来说,这些努力是徒劳的。单就金钱成本来说,每周投入较多的彩民所表现出的认知诱捕程度要明显高于投入较少的彩民。④

---

① P. Rogers & P. Webley, "It could be us! ": A cognitive & social psychological factors in UK national lottery play [J]. *Applied Psychology*, 2001,50(1): 181-199.

② M. B. Walker, *The psychology of gambling* [M]. Oxford: Pergamon Press, 1992.

③ E. Hill & J. Williamson, Choose six numbers, any numbers [J]. *The Psychologist: Bulletin of the British psychological Society*, 1998,11(1): 17-21.

④ Camelot. (1995b). 1st Anniversary: The National Lottery one year on Unofficial Report: Camelot Group. P. Rogers & P. Webley, "It could be us! ": A cognitive & social psychological factors in UK national lottery play [J]. *Applied Psychology*, 2001,50(1): 181-199.

5.迷信思想

迷信是指人们对于自身行为和潜在事件之间因果关系的错误认识[①]，促使形成对事物之间的虚假相关认识，认为本来相互独立的事件会相互影响、共同变化。[②] 在生活中，类似于“敲木头”“祷告”或带护身符等行为都可以看作是一种迷信的表现。而在购彩时，有些彩民认为生日、电话号码、纪念日等数字作为投注号码会给自己带来好运气[③]，还有彩民觉得一定要在某一个销售网点买彩票才会中奖[④]。反过来说，只有当彩民中奖的时候，他们才会认为自己之前的“迷信”准备工作是有效的；而没有中奖时，他们就归结为自己此时的运气不好，并不会抱怨自己之前的准备工作。在日常生活中，人们通常会用“运气好”等原因来解释偶然事件的发生，尽管从本质上来看，“运气”只是人们假象的概念，是存在于私人的属性，它的存在与否与事件是否相互独立。[⑤] 也就是说，每个中奖号码的出现都是偶然事件，而彩民猜中号码就是运气使然，故有学者就把中奖看作是偶然和运气共同作用的结果。[⑥] 在彩民购彩过程中，那些认为自己运气好的彩民比其他彩民更有信心中奖[⑦]，且经常购彩的彩民认为运气对于是否中奖起着至关重要的作用[⑧]。很多彩民在购彩过程中会根据自己或亲人的生日、纪念日或幸运数字选择号

---

① A. S. Reber, *Penguin Dictionary of Psychology* [M]. London: Penguin, 1985.

② L. J. Chapman & J. P. Chapman, Illusory correlation as an obstacle to the use of valid psychodiagnostic signs. Journal of Abnormal Psychology, 1993, 74: 271-280.

③ P. Webley, P. Rogers, E. Coups & G. Haddock, It could be us! Predictors and correlated of National Lottery play in Britain. Paper presented at the XXII International Conference in Economic Psychology, Valencia, Spain, September 1997.

④ D. M. Downes, B. P. Davies, M. E. David & P. Stone, (1976). Gambling, Work and leisure: A study across three areas. London: Routledge and Kegan Paul. Cited in Walker (1992), op cit.

⑤ M. B. Walker, *The psychology of gambling* [M]. Oxford: Pergamon Press, 1992. G. Keren & W. A. Wagenaar, On the psychology of playing blackjack: Normative and descriptive considerations with implications for decision theory [J]. *Journal of Experimental Psychology: General*, 1985, 114(114): 133-158.

⑥ W. A. Wagenaar, *Paradoxes of gambling behavior* [M]. London: Routledge Library Editions: Addictions, 1988.

⑦ M. D. Smith, R. Wiseman, P. Harris & R. Joiner, On being lucky: The psychology and parapsychology of luck. European Journal of Parapsychology, 1996(12): 35-44.

⑧ P. Rogers & P. Webley, It could be us! A cognitive & social psychological analysis of individual & syndicate based national lottery play in the UK, Unpublished manuscript, Submitted for Publication.

码，根据自己喜欢的颜色选择赛马或在赌场中的座位，因为他们认为这会让他们的运气更好。

此外，这种思想还体现在彩民对于投注号码的选择上，特别是“冷、热号”。所谓“热号码”是指有明显规律的经常被开出的号码，至少在最近一段时间内表现出这种“规律”，在一些彩民看来，这类号码出现的概率要高于整体号码出现的平均概率，而“冷号码”则正好相反。有研究发现，部分彩民会在购彩过程中突然减少对热号码的选择次数，反而开始选择冷号码并持续一段时间，为的是希望冷号码在经过一段时间后能够变热。① 从短期来看，对热、冷号码的选择可以解释彩民某些方面的认知偏差；但是从长期来看，赌徒谬误对于彩民对独立事件发生的偏差更具有解释性。②

（二）情境感知

Snyder 和 Uranowitz 在一项关于个体期望与认知的研究中开篇引用 Walter Lippmann 的话来表明对于人类如何认识世界的立场：“对于任何事物，我们总是先定义再看见。”③因此，个体的认知结构在很大程度上取决于对结果的预期，而这些预期则建立在对情境感知的基础上。④ 斯科特・普劳斯也表示，不依赖于情境的决策是不存在的，我们的决策与判断都源于如何看待和解释这个世界。⑤

情境是人类活动的重要组成部分，是能够影响实体和交互过程的任何信息，这个实体包括行为个体、场所以及实物对象的属性和状态。⑥ 对情境的感知的系统定义源于 Schilit，研究表示情境感知是应用程序软件对个体所处环境变化的检测与反馈，包括地点、周围人群以及可访问的计算机设备三

① R. Johnson, & J. Klotz, Estimating hot numbers and testing uniformity for the lottery [J]. *Publications of the American Statistical Association*, 1993,88(422): 662-668.

② H. H. Marmurek, J. Switzer & J. D'Alvise, Impulsivity, Gambling Cognitions, and the Gambler's Fallacy in university students [J]. *Journal of Gambling Studies*, 2015,31(1): 197-210.

③ M. Snyder, & S. W. Uranowitz, Reconstructing the past: Some cognitive consequences of person perception [J]. *Journal of Personality and Social Psychology*, 1978,36(9): 941-950.

④ J. S. Bruner & L. J. Postman, On the perception of incongruity: A paradigm [J]. *Journal of Personality*, 1949,18(2): 206-223.

⑤ [美]斯科特・普劳斯：《决策与判断》，施俊琦、王星译，人民邮电出版社 2004 年版，第 94 页。

⑥ 刘媛媛：《基于活动的情境感知模型与情境感知交互设计》，大连海事大学博士学位论文，2013 年。

种情境因素。[①] 而情境因素是研究情境感知与个体行为数据的主要来源。Gwizdka 把情境分为内部情境（Internal Context）和外部情境（External Context）两部分[②]，内部情境主要指个体在活动中自我状态的变化，而外部情境则是个体所处的外部环境的本质属性。从人机交互领域的研究来看，由于对内部情境的控制与测量较为复杂，并不受到重视，从而使得人们对于外部情境的把握要明显高于内部情境。在购彩过程中，彩民对本体及环境的认知、内在心理状态、对结果的预期等都会发生一定程度的波动，这一情境系统下把内部情境与外部情境放于同样重要的地位是必要的。刘媛媛根据 Gwizdka 和 Schilit 对于情境的不同理解和划分，在这一基础上将情景因素分为三个层次（见图 2-4）。

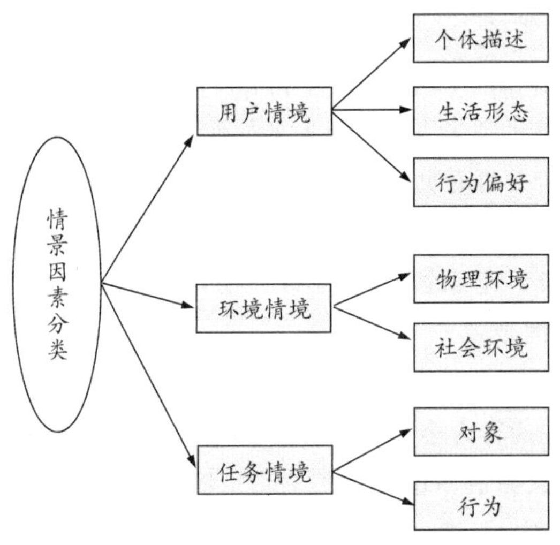

图 2-4　情景因素分类图[③]

1.感知循环理论（The Perceptual Cycle）

感知循环理论由 Neisser 提出，用以描述个体对所获信息的处理过程。他

---

① B. N. Schilit, N. I. Adams & R. Want, Context-Aware computing applications [R]. Santa Cruz, CA: Xerox Corporation Palo Alto Research Center, 1994.

② J. Gwizdka, *What's in the context* [C]. Netherlands: The Hague, 2000.

③ 参见刘媛媛:《基于活动的情境感知模型与情境感知交互设计》，大连海事大学博士学位论文，2013 年。

认为,个体会根据已掌握的信息对目标结果进行“合理”预测①,而这种预测又会在一定程度上反过来影响个体的认知②,最终形成个体对环境的感知模型。

为作出尽可能正确的决策,就需要对目标“充分知情且公正无偏”③,这要求行为个体通过在社会结构中与周围群体进行充分互动,且通过对“文化传统”(在外部环境高度不确定性的条件下)④的不断认识接收更多信息,并对当前有缺陷的感知模型进行补充和修正(见图 2-5)。

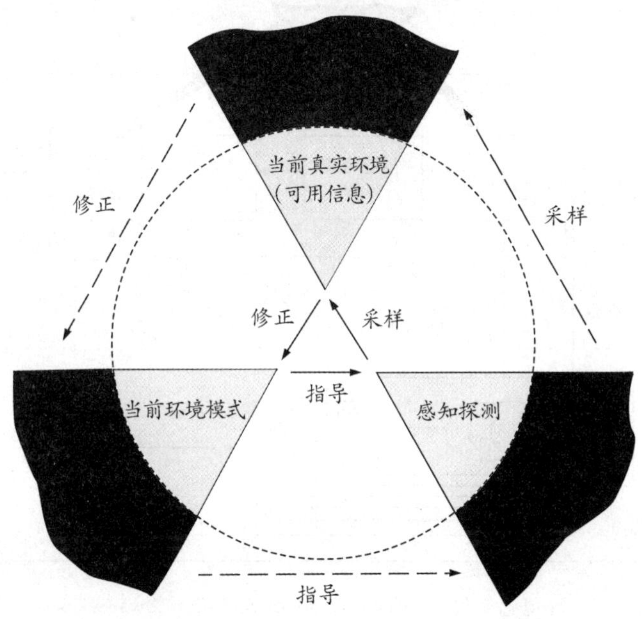

图 2-5　感知循环模型⑤

① U. Neisser, Perceiving, Anticipating, and Imagining [A]. In Ulric Neisser, eds., *Cognition and Reality* [C]. San Francisco: W. H. Freeman and Company, 1976: 89-105.

② J. S. Bruner & L. J. Postman, On the perception of incongruity: A paradigm [J]. *Journal of Personality*, 1949, 18(2): 206-223.

③ 汪丁丁:《行为经济学讲义——演化论的视角》,上海人民出版社 2011 年版,第 5 页。

④ R. A. Heiner, Origin of predictable behavior: Further modeling and applications [J]. *American Economic Association*, 1985, 75(2): 391-396.

⑤ U. Neisser, Perceiving, Anticipating, and Imagining [A]. In Ulric Neisser, eds., *Cognition and Reality* [C]. San Francisco: W. H. Freeman and Company, 1976: 89-105.

2.三层模型理论

Endsley 认为个体对于情境的感知可以分为三个阶段:感知(Perception)、理解(comprehension)和推测(Projection)。[①] 随着情境感知理论、信息加工和认知评价研究领域的发展[②],Endsley 在原有理论的基础上对三层模型进行了进一步完善,进而提出了环境感知模型(见图 2-6)。

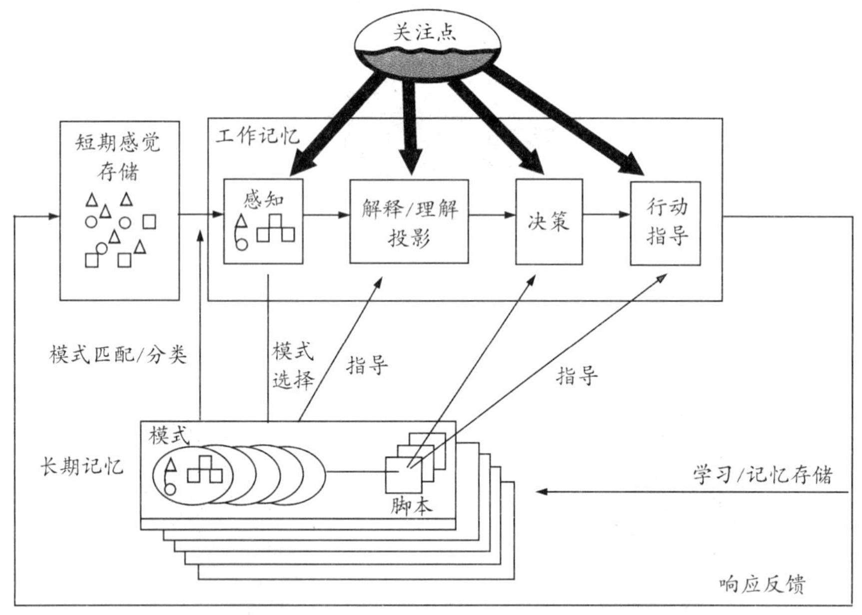

图 2-6　环境感知机制(Mechanisms of Situation Awareness)[③]

目标指向性行为功能模型(The Functional Model of Orientational Activity)由 Bedny 和 Meister 提出,他们突破了三层模型理论框架,以个体的任务性质和目标为出发点,对决策行为进行解释。[④] 他们认为,个体行为是

① M. R. Endsley, Design and evaluation for situation awareness enhancement [J]. *Proceeding of The Human Factors Society*, 1988,32: 97-101.

② 刘媛媛:《基于活动的情境感知模型与情境感知交互设计》,大连海事大学博士学位论文,2013 年。

③ M. R. Endsley, Design and evaluation for situation awareness enhancement [J]. *Proceeding of The Human Factors Society*, 1988,32: 97-101.

④ G. Bedny & D. Meister, Theory of activity and situation awareness [J]. *International Journal of Cognitive Ergonomics*, 1999,3(1): 63-72.

一个受其目标驱使的自我约束过程,同样包括三个部分:一是目标确定(Orientation),对环境进行主观建模;二是执行过程(Executive),决策;三是结果评价(Evaluative),对决策进行评价并反馈,产生新决策。① 如图 2-7 所示。

在行为研究的层面上,该模型对情境感知的定义要比三层模型理论更为全面。从模型本身来看,如果个体在整个系统开始就对所处环境产生了错误的认识,那么整个认知过程都会出现较大的偏差。因此,在讨论彩民购彩行为时,情境感知中的环境情境通过哪些路径影响彩民的认知,进而影响彩民的决策行为,以及影响程度等问题就相对更为重要。

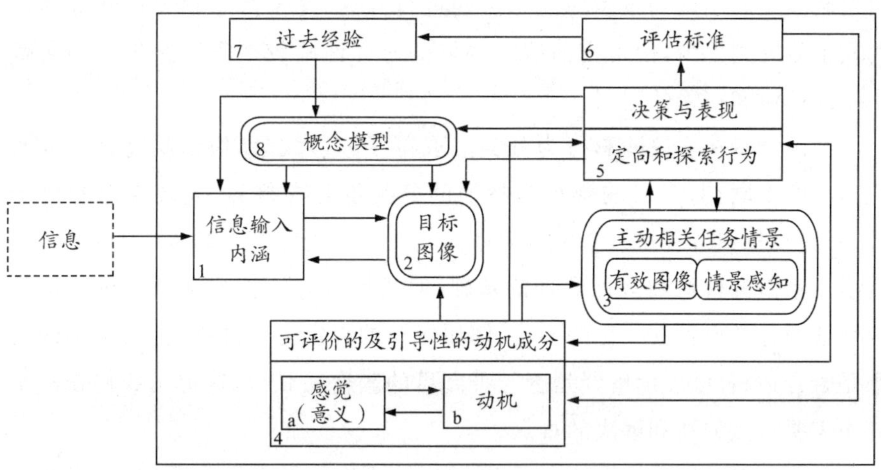

图 2-7 目标指向性行为功能模型(The Function Model of Orientational Activity)②

五、文献总结

本章通过对相关国内外研究进行系统评价发现:

当前与彩民购彩行为相关理论的研究趋于向多学科全面结合,通过不

① 参见刘嫒嫄:《基于活动的情境感知模型与情境感知交互设计》,大连海事大学博士学位论文,2013 年。

② G. Bedny & D. Meister, Theory of activity and situation awareness [J]. *International Journal of Cognitive Ergonomics*, 1999,3(1): 63-72.

同学科的方法论支撑进一步扩充探究彩民购彩与问题购彩关联的有效路径，更为深入地探索问题购彩产生的机理，通过对问题购彩主体、形态及类别的系统归纳，可进一步在更大范围内了解博彩业发展过程中博彩危害产生的机理，以此为基础在理论和实践两方面指导相关社会责任工作的开展，保证博彩业未来发展的健康生态。从已有文献可以看出，博彩认知在博彩成瘾的临床治疗中有着重要的病理学地位，博彩认知在问题购彩的演变过程中起着重要作用，但受文化背景、地域差异及游戏特征等方面的影响，研究样本普遍存在较强的特殊性，这对于整体了解我国体育彩票彩民认知与问题购彩的关系存在局限性；而国内学者主要从彩民的基本消费行为入手，目前较少从彩民认知视角对这一主题进行探讨，基于博彩相关认知等理论的实证研究则更少，使得当前这一领域的研究面临较多需要在理论和实践中不断探讨和完善的空间。

我国学者在彩民购彩行为分类上取得了较多成果，根据研究目的和研究对象的不同，对彩民购彩行为特征的分类也互有差异，表现出对彩民个性、彩民动机、彩民习惯、彩民行为理性或有害与否等多个角度，为后续研究提供了丰富的材料和多元的理论基础；但我们也应认识到部分彩民购彩行为特征的分类也存在一定的不足，例如概念的界定是否准确、分类范围的大小是否合适、各维度的解释是否与研究目的紧密关联等，这也是我们在本研究中需要重点关注和解决的难点。

目前针对我国彩民购彩行为进行测量评价的量表已有所应用，但在一定程度上还无法很好地对彩民购彩行为进行全面体现，使得无法对于彩民购彩的部分具体情况进行系统论述，也无法直观地对影响彩民购彩行为的影响因素进行体现，因此有必要在现有的研究基础上制定分类合理、范围适中、反映影响因素较为全面的、全新的彩民购彩行为评价量表。

构建符合我国国情的、科学的、合理的、可行的彩民购彩行为评价量表，对于影响彩民购彩行为的基本因素同样需要较为全面的总结与归纳，其中与彩民购彩认知的关联模式也要有较为清晰的认识。通过本章内容可以看出，基于情境感知的购彩行为其实就是对任务情境驱动下受用户情境（人格、认知能力、收入水平、偏好等）和环境情境（社交群体、消费便利程度、媒体宣传、玩法类型与结构特征、地域特征、文化传统等）交叉影响的彩民决策机制的认识和理解。因此，为深入了解彩民购彩行为，编制可操作性的评价量表，就需要从个体行为的情境感知特性角度入手，对其购彩环境、认知过程和决策行为所组成的整个行为系统作好归纳总结。

第三章　博彩危害、购彩行为与责任博彩的关联逻辑

本章从博彩危害的界定入手对当前学术界关于相关概念不统一的现状、主要原因以及对责任博彩实施的影响作了深入探索，通过数理模型分析发现博彩危害的本质是彩民过度购彩而导致的社会总福利下降，由此进一步就保障危害最小化和福利最大化的基本原则对实施责任博彩的影响进行讨论，基本厘清了彩民在进行博彩消费时所面临的基本危害究竟为何，且与责任博彩之间的基本逻辑关系如何表达。

20 世纪末，合法博彩在世界范围内迅速扩张，博彩相关问题开始逐渐受到关注和重视，建立并实施一种有效的相关策略机制以降低或消除潜在博彩危害，并最大化博彩活动的社会福利和积极影响，成为各利益相关群体的共识。① 责任博彩(Responsible Gambling)或称为“博彩中的社会责任”(Social Responsibility in Gambling)，在这一背景下应运而生。责任博彩的实施或相关政策制度的建立不能仅是对所造成的负面社会政治影响的简单反馈，而是需要以足够的实证证据为支撑。责任博彩概念的产生与发展是当前及未来很长一段时期内全球博彩业发展理念的基本体现，也是博彩历史演进中的重要时代缩影。

自 Charles Fey 于 1899 年设计出第一台带有自动收支系统的老虎机至

① A. Blaszczynski, R. Ladouceur & H. J. Shaffer, A science-based framework for responsible gambling: The Reno Model [J]. *Journal of Gambling Studies*, 2004, 20(3): 301-317.

今的一百多年[①]，随着科学技术的不断进步，以老虎机为代表的各类电子博彩机在技术更新（电子信贷系统、虚拟交互程序等）、玩法形式（多线、单线、弹珠等）等方面飞速发展，全球普及化程度越来越高[②]。这类博彩游戏因持续投注时间长、开奖周期短、刺激性强而被称为"博彩可卡因"，导致越来越多的购彩者出现购彩行为控制不当及认知偏差；其他开奖频率较快的博彩游戏（如高频彩票等）也与问题博彩或其他博彩相关危害存在着密切联系[③]，而这种快速开奖的博彩游戏结构特征是刺激购彩者参与博彩的重要结构特征之一，也是推动购彩者向问题购彩者演变的重要诱因之一[④]。Ladouceur 和 Sevigny 发现，超过 80％的视频彩票购彩者存在或多或少的行为或认知方面的问题。[⑤] 在我国，尽管体育彩票仅在海南省发行了视频彩票，而高频游戏（11 选 5、泳坛夺金等；5～10 分钟开奖一次，返奖率在 59％～67％不等）在全国 31 个省份都已上线销售，但相关的购彩者保护机制（例如限制消费金额、控制消费时间等）尚不健全，这其中存在的问题隐患也亟待相关机构予以重视。

随着社会舆论压力的不断增长，各国政府及部分博彩机构开始积极推行责任博彩战略以期降低博彩消费带来的危害，大力推行责任博彩理念，保护购彩者权益，维持低水平社会成本，促进博彩业的健康发展。目前，无论在实务工作还是学术研究领域，关于责任博彩战略的实施尚存在一定问题，其中博彩危害问题首当其冲。对博彩危害进行全面而严格的界定是责任博彩战略实施的基础；在责任博彩战略规划中，博彩危害是首要问题，也是战略核心。[⑥] 本书从博彩危害的界定入手，对其中的概念不统一的主要原因及

① C. Marfels, *Slot machine play in America* [R]. Internationale Beitrage de Institutes fur Spielforschung und Spielpadagogik at University Mozarteum, 1999: 67-89.

② G. Bondolfi & R. Ladouceur, Pathological gambling: an increasing public health problem [J]. *Acta Psychiatrica Scandinavica*, 2000, 104(4): 241-242.

③ A. Harris & M. D. Griffiths, The impact of speed of play in gambling on psychological and behavioral factors: A critical review [J]. *Journal of Gambling Studies*, 2017(1): 1-20.

④ M. D. Griffiths, *Impact of high-stake, high-prize, gaming machines on problem gambling: Overview of research findings* [C]. Birmingham: Gambling Commission, 2008: 25-27.

⑤ R. Ladouceur, & S. Sevigny, The impact of video lottery game speed on gamblers [J]. *Journal of Gambling Issues*, 2006, 17(17): 1-10.

⑥ A. Blaszczynski, R. Ladouceur & H. J. Shaffer, A science-based framework for responsible gambling: The Reno Model [J]. *Journal of Gambling Studies*, 2004, 20(3): 301-317.

对责任博彩实施的影响作了探讨，由此提出了对我国未来体育彩票社会责任实施的建议。

一、博彩危害统一界定的重要意义

购彩者作为消费主体在博彩活动中利益受损，购彩者群体性的长期利益损耗对经济社会活动造成负面影响，引发社会政治力量的聚合，从而对博彩业产生不断冲击，最终推动了责任博彩战略在全球范围内的实施。

要实施责任博彩战略，首先要对博彩活动的危害进行严格界定，而不能仅由一些相关方造成的较大社会压力而使得部分国家或地区监管机构在一定管辖区域限制博彩游戏的开放，禁绝当地居民在本土参与博彩活动的机会[①]（但由宗教原因而禁止博彩活动的情况除外，这涉及宗教作为一种整合势力以及由此产生的社会控制机制对博彩活动产生的额外影响，但不同宗教信仰与博彩危害数量在个体层面上的关系差异较大，甚至截然相反[②]）。因为，第一，当我们将博彩活动所能够波及的尽可能多的利益相关方看作一个整体独立的社会网络时，且不论该网络的拓扑结构是完全连接、完全科层或小世界，这一网络即从人类社会活动中不断演化而生，并受“族群惯性”和“自然选择压力”的共同作用才发展为当前的面貌，从演化论的角度来看，禁绝博彩活动并不符合社会历史演化的规律。第二，在博彩活动宏观秩序下，微观消费主体的一系列行为模式是在演进路径中不断演化，并非突然呈现出娱乐消费、过度消费、问题消费或更甚的病态消费等模式；仅靠经验盲目废除这一人类社会自古有之的基本活动是对上述演化路径的人为调控，这种调控存在以下问题：①且不论其在道德上可取与否，这一策略能否有效地在最大范围和最大限度上降低博彩活动的危害？②科学技术的巨大进步使得人们在判断自身理性控制能力上存在致命问题，建构论理性主义视角下的理性设计超越对传统规则的遵循导致决策者在能力与进化选择过程互动中产生了个体或群体不理性。③开赌国家及地区对禁赌国家及地区的国际

① A. Blaszczynski, R. Ladouceur & H. J. Shaffer, A science-based framework for responsible gambling: The Reno Model [J]. *Journal of Gambling Studies*, 2004,20(3): 301-317.

② D. Eitle, Religion and gambling among young adults in the United States: Moral communities and the Deterrence hypothesis [J]. *Journal for the Scientific Study of Religion*, 2011,50(1): 61-81.

外部性[①]是客观存在且是巨大的，并且会潜移默化地对禁赌国家及地区的金融和社会利益造成巨大损害。④并非所有购彩者的行为都存在偏差，相对来说，大多数购彩者行为是健康性与娱乐性为主导的，一刀切似的调控同样会损害多数购彩者的利益，尽管避免了客观的内部社会成本的出现，但赌资外流等一系列问题依旧无法得到解决。

因此，从经济社会现实发展和科学研究两个角度来看，责任博彩战略规划的实施要以控制博彩危害为核心，但控制博彩危害不能简单地通过禁绝人们参与博彩活动来实现，首先须准确对博彩危害进行严格统一的界定，这是责任博彩实施的重要前提，既是出发点，也是落脚点。

二、博彩危害界定的主要问题

综观目前的博彩研究，关于描述博彩危害的大量术语、定义及标准较为混乱，对这一概念进行统一界定有着较大困难。例如，目前关于购彩者在投注中暴露出的问题就有问题博彩、强制性博彩、博彩行为紊乱、神经性疾病、过度博彩、病态博彩等多种描述。在定义这些概念时又相互交错，且各自存在不同于其他概念的特质性，这使得在统一博彩危害概念时处于基础混乱且高度不确定性的环境当中。

本书认为博彩危害概念不统一的原因主要包括以下两个方面：

1.不同利益相关者看待这一问题的视角存在差异

例如，以“病态博彩”(pathological gambling)和“问题博彩”(problem gambling)两个概念来看，前者是由美国精神病协会(American Psychiatric Association)提出的，用于表示博彩活动中购彩者行为失调的特殊现象；而后者则是一个更宽泛的概念，由 Rosecrance 正式提出，表示一切产生负面影响的个体博彩行为的集合[②]；但目前依旧没有正式的临床诊断分类对此加以标准化。

2.不同研究范式在博彩危害研究中的视角多样化

例如，部分学者采用了流行病学的研究方法讨论博彩危害问题，提出了

① 参见王五一：《世界赌博爆炸与中国的经济利益》，经济科学出版社 2005 年版，第 6 页。

② J. Rosecrance, “The next best thing”: A study of problem gambling [J]. *International Journal of the Addictions*, 1985, 20(11-12): 1727-1739.

降低博彩危害的公共健康策略，并构建了类似于生物心理的社会模型，单就这一视角就涵盖了个体生物学特征、行为心理特征、社会经济、文化和政策等多种因素，使得博彩危害的界定出现差异。单就“危害最小化”而言，这一概念起初是指“减少成瘾性药物滥用对个体、家庭、经济、社会造成的负面影响，遵循实效和人文主义，注重危害及重要事件”，至 20 世纪 90 年代开始运用于博彩行为的研究。

而公共健康策略下的博彩危害研究又包括了两个视角：成瘾视角和社会问题视角。在不同的视角下，由于跨学科的方法论差异产生了更细分的视角。首先谈一下成瘾视角。成瘾模型是病因学视角下对博彩消费行为问题分析的最主要的概念范式。这一范式下的争论源于学者在观察、实验、调查等研究方法中的潜在差异性；同时，不同国家及地区、不同种族、不同性别的购彩者在博彩消费中表现出的症状也不尽相同。① 再说一下社会问题视角。从博彩消费的娱乐性来看，这一行为与玩电子游戏、打桥牌、打高夫等活动并没有太多差别，仅当购彩者投入了过多时间和金钱成本之后，才会产生经济犯罪、家庭财产损失、心理疾病、生产效率低下等社会问题。② 从大部分博彩业内政策的制定来看，博彩消费行为问题的社会危害要比成瘾视角下的影响范围更广，程度也更深。③

三、博彩危害界定问题对责任博彩实施的影响

由于博彩危害概念的不统一，且尚无统一的理论框架指导相关机构的责任博彩战略实施，同时，各个国家及地区的博彩业发展水平也不尽相同，这就使得在责任博彩战略的规划设计上存在较大差异，工作效率不高，闭门造车的现象愈演愈烈。通过整理部分国家及学者在实务及理论研究方面的主要成果，我们认为博彩危害界定不统一对责任博彩实施的影响主要包括以下几个方面：

---

① H. J. Shaffer, Strange bedfellows: a critical view of pathological gambling and addiction [J]. *Addiction*, 1999, 94(10): 1445-1448.

② W. K. John, The cost of addicted gamblers: Should the states initiate mega-lawsuits similar to the tobacco cases? [J]. *Management and Decision Economics*, 2001, 22: 17-63.

③ H. J. Shaffer & D. A. Korn, Gambling and related mental disorder: A public health analysis [J]. *Annual Review of Public Health*, 2002, 23(1): 171-212.

1.缺乏理论基础

对于“责任博彩实施”(Responsible gaming practices)或“责任行为准则”(Responsible code of conduct)没有明确的定义,致使相关实证研究缺乏一定的理论基础。具体政策法规的制定也缺少可信的实证数据支撑,且部分研究结论存在矛盾,则只能根据制定者的个人(或组织)经验、常识或认知。经验主义在目前责任博彩政策法规的制定及实施中占据了较大的成分,在客观上也无法必然从联系、发展而全面的角度分析问题。例如,Schoemaker 发现,接受过相关数据培训的大学生在既定博彩游戏中比其他大学生更能作出较优的选择①;而 Gibson 等则认为,被明确要求对某个球队胜率进行评估的学生趋向于给出过高的胜率评估,且投注量要高于没有被要求评估该队的学生②。Floyd 等指出,接收负面博彩信息会降低大学生减少现金参与电子的轮盘游戏的概率③,而 Williams 和 Connolly 却发现,接受过培训的学生虽然表现出较高的计算赔率和抵制博彩游戏的能力,但并没有减少实际参与博彩的次数④。

2.责任确认模糊

政府、行业及购彩者三方在博彩危害中的责任边界过于模糊,即对各利益相关方在责任博彩中各自负有的责任确定不明晰,而不同利益相关者的组织目标和重点也各不相同,而主要的争议也就出现在哪一方的利益更应该进行着重体现,这在一定程度上阻碍了责任博彩战略的实施。例如,澳大利亚已颁布的三十多项法规条例中就包括了数十条不同的利益相关方责任目标,诸如保证公平交易、保护购彩者信息、加强市场营销责任推广、深度结

---

① P. J. Schoemaker, The role of statistical knowledge in gambling decisions: Movement versus risk dimension approaches [J]. *Organizational Behavior and Human Decision Processes*, 1979,24(1): 1-17.

② B. Gibson, D. M. Sanbonmatsu & S. S. Posavac, The effects of selective hypothesis testing on gambling [J]. *Journal of Experimental Psychology: Applied*, 1997,3 (2): 126-142.

③ K. Floyd, J. P. Whelan & A. W. Meyers, Use of warning messages to modify gambling beliefs and behaviour in a laboratory investigation [J]. *Psychology of Addictive Behaviors*, 2006,20 (1): 69-74.

④ R. Williams & D. Connolly, Does learning more about the mathematics of gambling change gambling behaviour? [J] *Psychology of Addictive Behaviors*, 2006,20 (1): 62-68.

合社区标准、改善博彩环境等。[①]

3.领域矛盾明显

学界与实务界的工作目的存在差异。学术研究提供的数据很大程度上不符合博彩企业对于利益的追逐,大多数研究的主旨在于向各利益相关方提供有效发展路径以避免博彩市场活动中出现的负面影响,例如法律问题或限制博彩市场的利益扩张等。Hing 研究认为,博彩机构应在履行社会责任原则、社会反馈等方面迎合主要利益相关者的期望,并将注意力放在执行责任博彩的相关原则、过程和结果上;但他同时发现新南威尔士的博彩俱乐部管理者在博彩运营中大多都将经济责任放在第一位,法律责任和伦理责任次之,最后才是责任博彩战略最为看重的慈善责任。[②] 然而,这一领域的学术成果必定要为相关政策法规的制定及市场发展导向提供理论基础和实证数据支撑。当且仅当在实证数据基础上,责任博彩的全球性战略才能持续有效发展,从而最大限度地实现博彩危害最小化。

4.目标群体不确定

由于环境特征、结构特征或自身心理因素等影响,部分购彩者在博彩活动中受到一定程度的危害,需要相关的干预措施予以保护;而以娱乐为目的导向的购彩者则不需要对其投入过多关注,但要注意通过责任博彩措施防止不理性购彩行为的发生。目标群体定位模糊必然会延缓责任博彩战略的实施,造成社会经济资源浪费,影响政策制定者:既无法判断预期目标是否实现,也无法有效地提升公共政策的指导效率。

5.缺乏一手购彩者行为数据

此处主要是指购彩者如何在博彩活动中产生及避免问题博彩,例如发展路径、环境因素、政策导向、便捷程度等。这类数据的缺失会直接影响是否能够准确判断哪些实证研究数据可用于指导彩民干预及救助工作的开展。通过搜集大量自然数据(即“现场—偶然”数据,FH data)与早先的“实

---

① N. Hing, Principles, processes and practices in responsible provision of gambling: A conceptual discussion [J]. *UNLV Gaming Research and Review Journal*, 2003,7(1): 33-47.

② N. Hing, Principles, processes and practices in responsible provision of gambling: A conceptual discussion [J]. *UNLV Gaming Research and Review Journal*, 2003,7(1): 33-47.

验室—实验"数据(LE data)和"现场—实验"数据(FE data)进行对比检验[①],特别是随着近些年博彩业硬件技术的不断发展提升,通过网络技术追踪彩民在线投注数据逐渐成为目前博彩行为研究的新方法[②]。已有学者借助这种手段在有关结构特征与彩民购彩行为的关系研究中取得了初步成果。[③]

四、博彩危害的本质属性

Griffiths 和 Wood 认为,责任博彩就是对机会最大化和危害最小化的实现。[④] "机会最大化"是指购彩者选择的最大化,而选择的对象是在安全及有充分保障的环境下对设计精良的博彩游戏的消费,这一对象涵盖了以下几个基本要素:①消费环境的安全性;②消费过程中的各类保障;③博彩游戏的设计;④博彩游戏的多样化;⑤消费者对博彩的合理认知。见表 3-1。"危害最小化"也就是最大限度地降低由购彩者过度购彩所产生的负面社会影响,也可理解为由此产生的负外部性,而这种负外部性如何产生且是否带来了社会成本,或者说根据 Walker 和 Barnett 对博彩社会成本的界定,"购彩者的购彩行为是否造成了整体社会实质性财富的减少"[⑤],就需要对此作进一步判断。

---

① H. J. Shaffer, A. J. Peller, D. A. Laplante, & S. E. Nelson, Toward a paradigm shift in Internet gambling research: From opinion and self-report to actual behavior [J]. *Addiction Research and Theory*, 2010,18(3): 270-283.

② P. Delfabbro, D. King, & M. Griffiths, Behavioural profiling of problem gamblers: A summary and review [J]. *International Gambling Studies*, 2012,12(3): 1-18.

③ H. J. Shaffer, A. J. Peller, D. A. Laplante, & S. E. Nelson, Toward a paradigm shift in Internet gambling research: From opinion and self-report to actual behavior [J]. *Addiction Research and Theory*, 2010,18(3): 270-283. M. Griffiths, & M. Whitty, Online behavioural tracking in internet gambling research: Ethical and methodological issues [J]. *International Journal of Internet Research Ethics*, 2010,3(12): 104-117.

④ M. D. Griffiths, & R. T. A. Wood, Responsible gaming and best practice: How can academics help? [J] *Casino and Gaming International*, 2008,4(1): 107-112.

⑤ D. M. Walker, & A. H. Barnett, The social costs of gambling: An economic perspective [J]. *Journal of Gambling Studies*, 1999,15(3): 181-212.

表 3-1　　“机会最大化”中的基本要素

编号	基本要素	备注
1	消费环境的安全性	广告宣传、健康购彩指导、网点设计(音乐、灯光、布局等)、过度消费干预
2	消费过程中的各类保障	消费隐私保护、咨询热线、网站及机构服务
3	博彩游戏的设计	娱乐性、可持续性、成瘾性、刺激性
4	博彩游戏的多样化	游戏种类多样化、销售方式多样化
5	消费者对博彩的合理认知	中奖概率、返奖率

(一)过度购彩对社会福利的影响

过度购彩的负外部性影响如图 3-1 所示。MU 为边际效用曲线,MSC 为边际社会成本,MPC 为边际个人成本,MC 为边际外部成本,MSC＝MPC＋MC。MPC、MSC 与 MU 分别交于 A、B 两点。从市场来看,A 点为帕累托最优点,即 Q_1 为最优购彩点,消费者剩余与生产者剩余总和,即社会总福利可由 $S_{P_1AP_2}$ 表示;当购彩者因过度购彩产生负外部性时,并不会考虑边际外部成本的变化,仅会根据 MPC＝MU 所确定的 Q_0 点进行消费,以实现边际效益与边际成本相等,达到局部均衡;此时,社会总福利变为 $S_{P_1AP_2}-S_{ABC}$,社会总福利减少,减少量为 S_{ABC}。

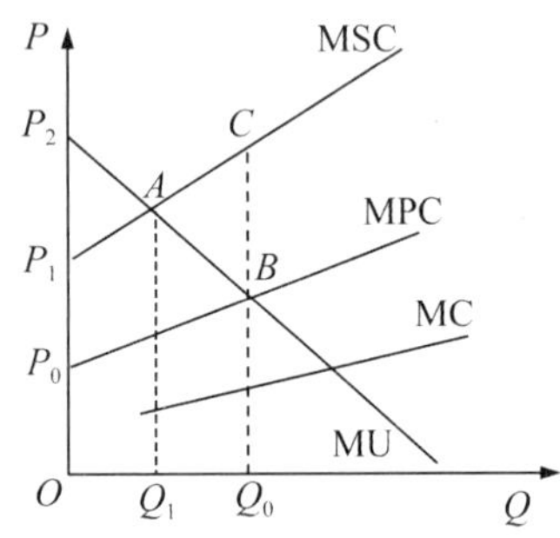

图 3-1　过度购彩的负外部性影响

(二)过度购彩负外部性的模型分析

在讨论了由过度购彩产生的外部性使市场机制达不到帕累托最优之后,根据假设模型进一步分析购彩者过度购彩对社会福利的影响。参考李刚在分析打击地下六合彩效率时提出的消费者效用模型（U 为购彩获得的正效用，由此产生的社会成本为 $SC>U$，购彩者购彩产生的效用净损失 NL 为 SC 和 U 两者之差，其值为正[①]），结合本书所讨论的问题，对该模型作适当调整。

购彩者效用模型：$U=\alpha \mathrm{Ln}(R+1)+I-Q$

效用净损失：$NL=R$

彩票机构发行彩票的利润：$\pi=\dfrac{R(1-p)}{p}$

社会总福利：$SW=\pi-NL$

其中：$\alpha>2$，表示购彩者对购彩行为的偏好程度；I 表示购彩者的货币总收入；R 表示购彩者通过购彩而获得的奖金；$p\in(0,1)$，表示返奖率；Q 为购彩者购彩量；π 表示彩票机构取得的利润。

根据定义有：

$$R=p\cdot Q \qquad \text{公式(1)}$$

以我国彩票市场为例，体育彩票和福利彩票同质性非常高，可假设我国只有一家彩票机构，购彩者在购彩过程中为实现自身效用最大化，则：

$$\frac{\mathrm{d}U}{\mathrm{d}R}=\frac{\alpha}{R+1}-\frac{1}{p}=0\text{，即，}R=\alpha p-1 \qquad \text{公式(2)}$$

由于彩票为国家发行，必然要考虑发行彩票所产生的社会成本，因此在发行彩票过程中要尽力实现社会总福利最大化，则：

$$SW=\pi-NL=\frac{R(1-p)}{p}-R \qquad \text{公式(3)}$$

将(2)(3)代入(1)可得社会总福利 SW 关于购彩者购彩量 Q 的函数，即：

$$SW=Q+2-\frac{2\alpha}{\alpha-Q} \qquad \text{公式(4)}$$

因此，当 $Q=\alpha-\sqrt{2\alpha}$ 时，社会总福利 SW 取到最大值，即 $SW=\alpha+2-2\sqrt{2\alpha}>0$，如图 3-2 所示。

① 李刚：《关于打击地下六合彩的策略研究》，《经济学》2005 年第 1 期。

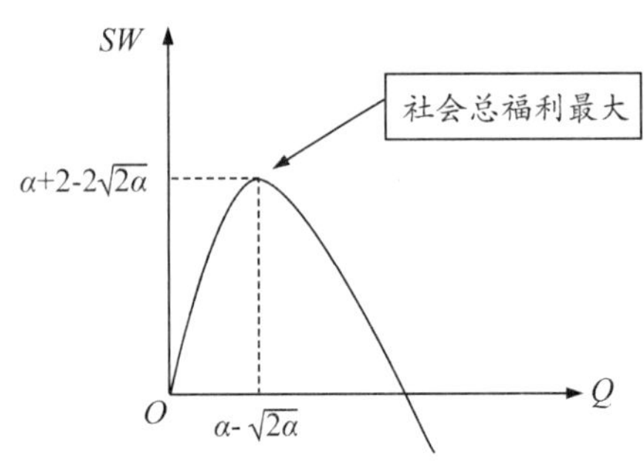

图 3-2　社会总福利函数图

通过上述分析可以发现，在适当消费阶段，社会总福利会随着购彩者购彩量的增加而增加，当达到一定购彩量时，社会总福利达到最大值；当购彩者继续购彩，即进入过度消费阶段时，尽管在一定程度上其自身福利会增加，但由此产生的负外部性使承受者福利减少，且减少的速度要快于增加的速度，更重要的是，在这一过程中社会总福利确实受到损失，由此产生了社会成本。反过来说，由于购彩行为负外部性的存在，成本外部化，使购彩者忽视外部成本，对博彩产品的实际消费量大于帕累托最优水平。这部分社会成本除了包括由问题购彩行为引起的刑事司法诉讼费用、医疗费用(临床治疗和干预、科研等)和影响购彩者日常工作效率产生的成本①以及精神成本(也就是本书所讨论的博彩危害)外，还包括博彩机构为降低上述危害而采取的例如限制供应量、监管以及相关培训等措施而产生的社会成本。

五、博彩危害的内涵及界定

综上所述，"危害最小化"的核心目的在于控制购彩者的不当消费，降低由此产生的外部成本，通过合理有效的干预手段对问题购彩行为的外部性予以管制，使外化的消费成本内部化，从而降低社会危害。从上述模型所推演的结论出发，"危害最小化"从另一个角度来看可视为各利益相关群体在实践中推动责任博彩机制的发展以及在理论上构建研究体系以提供坚实的实证数据的过程中所实现的"社会福利最大化"。这种明确的导向性是保证

① H. Harwood, D. Fountan, & G. Livermor, Economic cost of alcohol and drug abuse in the United States, 1992: A report [J]. Addiction, 1999, 94(5): 631-635.

责任博彩各工作环节有机结合的根本，在这一基础上构建责任博彩的持续性有效制度也能够保证使其进入一个有序的运作模式，从而实现通过责任博彩促进博彩行业内的可持续经济增长，同时也是社会经济发展的关键所在。

在微观层面或短期来看，危害最小化应该看作当前及未来一定时期内责任博彩战略实施的重要组成部分，即在实施责任博彩时需要最先解决的主要问题；在宏观层面或长期来看，实现在博彩活动中的社会福利最大化才是责任博彩战略实施的最终目的，在保护购彩者不因内外部因素影响而使其根本利益受损的前提下，最大限度地满足各利益相关群体的需求。由此而言，责任博彩应被视为一个动态概念，在这一战略实施的全生命周期内，社会福利最大化就成为把危害最小化涵盖于自身之内的更大的集合。因此，“博彩危害最小化”作为当前——责任博彩战略实施的初级阶段——最为核心的内容是不变的，也是实现社会福利最大化的基础。将博彩危害看作社会成本，作为购彩本质的那部分购彩者的私人成本是少数的，而更多的是随彩民过度投注产生的衍生品，从理论上来说，作为衍生品的社会成本是可以降低甚至消除的，而作为本质的那部分社会成本则可以在一定程度上降至最低。

但从当前对于责任博彩及博彩危害定义的多样性来看，这并不利于责任在全球范围内沿统一的路径发展，使得各个国家及地区在规划本地区责任博彩战略时所处的层面差距较大，而在相关问题及经验方面的互通有无效率不高，为全球博彩业未来的健康可持续发展埋下了隐患。

第四章　彩民购彩行为评价量表的编制及检验

通过第二章和第三章内容，本书已较为系统地分析了彩民购彩行为相关理论，同时，对彩民购彩行为会带来的潜在社会危害进行了逻辑梳理，并对这一行为的危害作了内涵分析。在这一基础上，本章按照主要的理论参考依据确立彩民购彩行为量表的主要维度，以此为基础确定彩民购彩行为特征框架。本研究采用文献回顾及实地访谈确定量表初选条目，通过两轮专家咨询，确定了预发放量表条目，随后采用项目分析、效度检验和信度检验进一步对量表条目进行筛选，最终确定了 5 个维度、共 15 个条目的彩民购彩行为评价量表正式版。

一、量表编制的理论依据

彩民的购彩行为是一种非药物驱动的并具有潜在成瘾性的行为。[①] 单一的理论难以全面解释彩民的购彩行为，运用多种理论进行综合评价分析有利于尽可能全面地涵盖彩民在消费博彩游戏时的具体行为特征。因此，本书通过文献回顾，对目前与彩民购彩行为联系较为密切的主要理论进行了探讨分析，以此为基础构建彩民购彩行为评价量表。本研究拟采用理性行为理论和一般成瘾理论作为该量表的主要理论基础，并尽可能地吸收对

---

① M. N. Potenza, D. A. Fiellin, G. R. Heninger, B. J. Rousaville & C. M. Mazure, Gambling: An addictive behavior with health and primary care implications [J]. *Journal of Internal Medicine*, 2002,17(9): 721-732.

影响彩民购彩行为的主要影响因素的研究。

本书在理论研究的基础上，主要通过以下几个方面确定量表的基本内容：①相关文献研究；②现有的彩民购彩行为量表或调查问卷内容；③对体育彩票管理中心工作人员、网点业主和彩民的访谈；④我国体育彩票销售的基本特征和现状。以此为基础，确立了彩民购彩行为评价量表的概念框架，如图 4-1 所示。

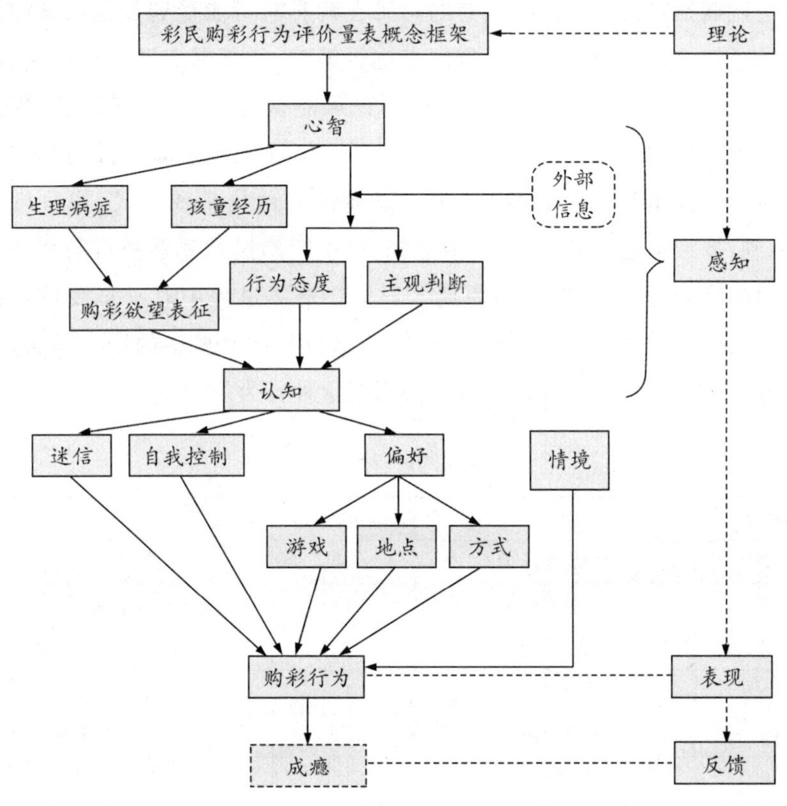

图 4-1　概念框架图

二、量表维度的确立

本研究对已有的彩民购彩行为分类进行了归纳整理，见表 4-1。通过分析发现，当前已有的分类或多或少会存在过于宽泛、偏重某一主题、重复表述等问题。例如，购彩金额（每周的消费是多少）、购彩积极性（每周会购买几次彩票)、购彩年限(从第一次买彩票到现在有多长时间)、信息途径(从哪些渠道获取彩票信息)和购彩前投入时间(每天研究时间)等是彩民具体消费情况,可放入彩民的一般信息资料调查问卷中。而有的分类方式对于本研究有着较强的指导意义。例如,群体性行为和示范性行为表现了彩民受其他消费群体的购彩行为影响以及通过参与社会活动而加强社会参与程度的愿望;就近消费行为表现了彩民对于彩票销售网点的选择情况,在对这一特征进行概括时需要考虑到也有的彩民在购彩时可能受到其他因素的影响而选择经常活动区域之外的销售网点进行消费,如某网点开出过大奖、朋友或同事推荐等,这种行为方式体现出彩民可能认为中奖与否可能与生活中发生的其他特殊事件存在某种关联等;个性化行为和主动性行为都表现出彩民对购彩技术的过度自信,认为可以通过某种技巧或形式,如分析走势图、卜卦、携带幸运物品等,提高中奖概率,说明彩民这些购彩行为特征可能涵盖问题购彩行为;冲动行为表现了彩民在购彩过程中对于自我情绪控制能力、自我消费控制能力以及对于购彩本身以及中奖概率的错误认识,即彩民在这一过程中不能理性地看待购买彩票这种行为的初衷。

表 4-1　　彩民购彩行为特征

编号	特征	编号	特征
1	群体性行为	10	购彩年限
2	示范性行为	11	信息途径
3	就近消费	12	购彩前投入时间
4	冲动行为	13	正常行为
5	运气转嫁	14	低风险行为
6	购彩倾向	15	理性行为
7	购彩金额	16	非理性行为
8	购彩积极性	17	个性化行为
9	玩法偏好	18	主动性行为

基于本研究所采用的指导理论和概念框架,结合上述对已有分类的分析,本研究初步将彩民购彩行为评价量表的维度确定为 6 个,即游戏偏好、自我控制能力、情境影响、迷信、购买方式和购买地点。量表的最终维度情况

还需要经过数理统计方法对各条目进行筛选评价后再作确定。

三、量表备选条目池的确定

(一)文献回顾

与量表维度的确立过程类似，备选条目池的确立首先通过对相关研究的整理进行收集，主要了解彩民在消费各类博彩游戏时的具体表现情况，与已有的评价量表和调查问卷内容进行比对，尽量选取尚未纳入的彩民购彩行为。除了学术论文以外，本研究还参考了部分专著及网络资料，从中了解彩民的购彩特征；其次是从已有的彩民购彩行为量表和调查问卷中筛选符合本研究量表各维度内涵的条目。

(二)访谈情况

访谈对象主要包括体育彩票管理中心工作人员(5 名)、网点业主(10 名)和彩民(10 名)。

对体育彩票管理中心工作人员的访谈，集中于一个主题：在平时工作调研以及整理彩民咨询电话资料或与彩民接触过程中，您认为当前彩民有哪些比较突出的购彩行为，请从提供的 6 个维度谈谈您的想法。

对网点业主的访谈也是集中于一个主题：在平时的网点管理、销售彩票或与彩民沟通接触过程中，您觉得有哪些行为比较突出，例如偏好哪些游戏、选号方式、是否有迷信行为等。

对彩民的访谈，主要包括以下内容：①您觉得家人、朋友对您的购彩有影响吗，有哪些影响？有过负面的评价或劝阻吗？②您平时都在哪些网点购买彩票(例如离家近、上下班途中或有其他特殊情况)？③您主要购买的游戏有哪些，为什么？④您觉得自己在购买彩票时存在哪些问题？⑤您在选号、竞猜比赛或买即开型彩票时有什么习惯或技巧吗？⑥您在购买彩票时有哪些习惯让您觉得会提高中奖概率。

通过对访谈的归纳总结，将访谈对象表述较多的购彩行为纳入条目池，主要包括：选择号码的方式、是否单独出行购买、运气和环境的影响以及对于网点的选择等。

(三)备选条目池形成

综合上述两个步骤得到的结果，最终形成了包括上述 6 个维度、共 39 个条目的彩民购彩行为评价量表条目池，详见附件一。

四、备选条目池修订

(一)课题组初步修订

通过课题组例会讨论，本研究根据量表条目采用自我陈述的描述格式要求，将所有条目的主语全部标明为“我”。同时，为尽量保证条目表述简洁明了，因此对条目池作了如下修订：“我会在经济拮据时增加购彩频率或金额，希望通过中大奖改善生活”改为“我会在经济拮据时增加购买彩票的次数或金额，希望通过中大奖改善生活”；“我会给自己设定一个买彩票需要的资金限额，但往往控制不住”改为“我会在购买彩票时超出给自己设定的资金限额”；“我在没钱的时候也会想办法去买彩票”改为“我会在没钱的时候想办法去买彩票”；“购买彩票的数量经常会超过自己的可控制范围”改为“我会在购买彩票时超出自己的承受能力”；把“感觉运气好的时候去购买彩票”删除，保留“感觉运气好的时候购买更多的彩票”，并改为“我会在感觉运气好的时候购买更多的彩票”；“让不懂彩票的人帮我选择号码，例如孩子、陌生人等”改为“我会让不懂彩票的人帮我选择号码”；“用与自己相关的数字进行投注”改为“我会用与自己相关的数字去购买彩票”；“感觉很倒霉的时候去购买彩票”改为“我会在感觉不顺时去购买彩票，冲冲晦气”；“让运气好的人帮我选择号码”改为“我会让运气特别好的人替我购买彩票”；“做梦梦到数字了，我就会在第二天去买彩票”改为“我会用梦见的数字去购买彩票”；“买高频彩票时，我会持续投注，直到中奖”改为“我会在购买高频彩票时持续投注”；“分析号码走势图”改为“我会根据号码走势图的规律来确定号码”；“买即开型彩票时，一旦中奖我会用所得奖金继续购买彩票”改为“买即开型彩票时，我会用中奖奖金继续购买彩票”；“买刮刮卡一定要自己选”改为“买即开型彩票时，我会自己选择买哪一张彩票”；“在某些特定时间段购买彩票(例如，以往购彩中奖的时段)”改为“我会在以往中奖的时间段去购买彩票”；“购买同一组号码”改为“我始终用同一组号码购买彩票”；“别人怎么买,我就跟着买”改为“我会模仿别人的购彩方式购买彩票”;“随机选号,并没有技术可言”改为“我通常是随机选号进行投注”;“偏向选择冷号或热号”改为“我通常会用冷热号进行投注”;“靠掷骰子的结果进行投注”改为“我会靠掷骰子的结果确定要投注的对象”;“坚持买彩票就会中奖”改为“就算不中奖,我也会坚持购买彩票”。

通过课题组成员例会讨论修改后的条目池共包括38个条目,详见附件二。

(二)专家咨询修订

本研究主要选取国内外体育、彩票领域的专家、学者及彩票机构主要负责人作为专家组成员采用德尔菲法进行条目的筛选。

1.专家基本情况

共选取14名专家进行咨询,他们分别来自上海、北京、郑州、济南、昆士兰(澳大利亚)、亚特兰大(美国)、阿尔伯克基(美国)。其中男性12名,女性2名;硕士学历3名,博士学历11名;正高级职称8名,副高级职称4名,其他2名;所有专家均有5年以上的工作年限;工作单位为教育科研机构的有11名,政府行政机构(体育彩票管理中心)3名;专业领域主要包括体育学、经济学、心理学、管理学等领域。

2.专家咨询表

在确定备选条目池和专家组成员后,制定专家咨询表,共6个维度,38个条目。采取Likert 5级评分法,将“很不合适”“不合适”“一般”“合适”“很合适”分别赋值为1、2、3、4、5。具体专家咨询表见附件三。

3.主要评价指标

本研究德尔菲法中主要参考的评价指标包括:专家积极系数、权威系数、意见集中程度和协调系数。

4.第一轮咨询结果

专家积极系数是以专家咨询意见的回收情况进行判别,即对各问题评价的专家的数量与总数量的比值。[①] 本研究中有两名专家的回复问卷存在一定问题,其他问卷均达到要求,因此专家积极系数为85.7%,当该系数在

① 参见刘伟涛、顾鸿、李春洪:《基于德尔菲法的专家评估方法》,《计算机工程》2011年第S1期。

70%以上时，可以认为该咨询结果是可行的。[①]

专家权威系数是由专家自评和评价条目的判断依据综合决定，数值为自评分数和判断依据之和的 1/2。自评分数划分为从"很熟悉"到"很不熟悉"五个等级，分别赋值为 1.0、0.8、0.6、0.4、0.2；判断依据从理论(0.3～0.2～0.1)、实践(0.5～0.4～0.3)、同行评议(0.1)及直接感受(0.1)四个方面就量表条目池对专家的影响情况进行自评，分为高、中、低三级确定不同分数，通常应大于等于 0.7[②]，本研究专家权威系数平均值为 0.763。

专家意见集中程度以各条目平均值和满分比进行表示，平均值越高和满分比越大，就表示指标越重要，两者分数分别应高于 4 和 0.5[③]，对于不符合的条目直接删除，分别为：迷信维度的条目 3(我会穿特定颜色的衣服或携带幸运物去买彩票)；购买地点维度的条目 2(我会去不同的网点买彩票，这样可以增加中奖的概率)；购买方式维度的条目 3、8、11、12、13(买即开型彩票时，我对彩票的位置有要求；我通常与别人一起合买彩票；我通常一个人去买彩票；我通常和朋友或家人、同事一起去买彩票；我会靠掷骰子的结果确定要投注的对象；就算不中奖，我也会坚持购买彩票)。

专家协调系数表示专家对各条目反馈意见的集中程度，区间为 0～1，数值越大表示各专家对于这一条目的认同度越高，协调程度越好[④]，2～3 轮咨询后的系数介于 0.4～0.5 较为合理[⑤]。本研究第一轮协调系数为 0.313，低于系数标准，表示各专家之间的协调性不理想，需进行第二轮专家咨询。

---

① S. V. Shariat, E. A. Asad, R. N. Ali, D. Z. Bashar, B. Birashk, D. M. Tehrani, B. Jalili, E. Hejazi, S. M. Hakim, E. Shirazi, H. Ashayeri, T. M. V. Majd, R. M. R. Majd, K. Zeynali, S. Karimifar, Age rating of computer games from a psychological perspective: Adelfi study [J]. *Advances in Cognitive Science*, 2009,11(2): 8-18.

② 参见李菊芳:《脑卒中后早期抑郁筛查量表的编制与初步应用研究》,重庆医科大学博士学位论文,2016 年。

③ S. V. Shariat, E. A. Asad, R. N. Ali, D. Z. Bashar, B. Birashk, D. M. Tehrani, B. Jalili, E. Hejazi, S. M. Hakim, E. Shirazi, H. Ashayeri, T. M. V. Majd, R. M. R. Majd, K. Zeynali, S. Karimifar, Age rating of computer games from a psychological perspective: Adelfi study [J]. *Advances in Cognitive Science*, 2009,11(2): 8-18.

④ 参见郑磊磊、王也玲、李惠春:《医院焦虑抑郁量表在综合性医院中的应用》,《上海精神医学》2003 年第 5 期。

⑤ B. B. Brodey, M. First, J. Linthicum, K. Haman, J. W. Sasiela, & Ayer, D. Validation of the NetSCID: An automated web-based adaptive version of the SCID [J]. *Comprehensive Psychiatry*, 2015,66: 67-70.

根据第一轮专家咨询的主要意见，对条目池的修订情况详见表 4-2。

表 4-2　　彩民购彩行为量表条目池专家意见集中程度（$N=12$）

维度/ 条目	平均值	满分比	筛选情况
游戏偏好			
1.我主要买数字型彩票（比如大乐透、排列 3/5 等）	4.63	0.58	保留
2.我主要买竞猜型彩票	4.50	0.52	保留
3.我主要买即开型彩票	4.60	0.56	保留
自我控制能力			
1.我会在经济拮据时增加购彩频率或金额，希望通过中大奖改善生活	4.83	0.82	保留
2.我在买高频彩票时，会持续投注，很难停止	4.67	0.65	保留
3.我会给自己设定一个买彩票需要的资金限额，但往往控制不住	4.63	0.58	保留
4.我在没钱的时候也会想办法去买彩票	4.51	0.53	保留
5.购买彩票的数量经常会超过自己的可控制范围	4.66	0.62	保留
情境影响			
1.我会在有促销活动时加大购彩力度	4.52	0.53	保留
2.我会在奖池增加时买更多的彩票	4.46	0.51	保留
迷信			
1.有好彩头时，我就会多买几注彩票	4.76	0.71	保留
2.我会在感觉运气好的时候购买更多的彩票	4.85	0.83	保留
3.我会穿特定颜色衣服或携带幸运物去买彩票	4.26	0.41	删除
4.我会让不懂彩票的人帮我选择号码，例如孩子、陌生人等	4.56	0.55	保留
5.我会参考今日运势或找人算命决定今天是否要买彩票	4.64	0.61	保留
6.我会用与自己相关的数字进行投注	4.91	0.88	保留
7.我会在感觉不顺时去购买彩票，冲冲晦气	4.60	0.57	保留
8.我会让运气特别好的人替我购买彩票	4.78	0.76	保留

续表

维度/条目	平均值	满分比	筛选情况
9. 我会用梦见的数字去购买彩票	4.66	0.63	保留
购买地点			
1.我通常会在上下班路上就近买彩票	4.51	0.52	保留
2.我会去不同的网点买彩票，这样可以增加中奖的概率	4.41	0.48	删除
3.我会去中过大奖的彩票店购买彩票	4.79	0.76	保留
购买方式			
1.我会在购买高频彩票时持续投注	4.70	0.68	保留
2.我会根据号码走势图的规律来确定号码	4.76	0.72	保留
3.买即开型彩票时，我对彩票的位置有要求	3.62	0.31	删除
4.买即开型彩票时，我会用中奖奖金继续购买彩票	4.73	0.69	保留
5.买即开型彩票时，我会自己选择买哪一张彩票	4.52	0.54	保留
6.我会在以往中奖的时间段去购买彩票	4.65	0.61	保留
7.我始终用同一组号码购买彩票	4.85	0.84	保留
8.我会靠掷骰子的结果确定要投注的对象	4.33	0.44	删除
9.我会模仿别人的购彩方式购买彩票	4.70	0.67	保留
10.我通常是随机选号进行投注	4.62	0.58	保留
11.我通常与别人一起合买彩票	3.77	0.33	删除
12.我通常一个人去买彩票	4.28	0.41	删除
13.我通常和朋友(或家人、同事)一起去买彩票	4.41	0.46	删除
14.我通常会用冷热号进行投注	4.81	0.81	保留
15.我会参考大奖中奖故事中的购彩方式购买彩票	4.69	0.66	保留
16.就算不中奖，我也会坚持购买彩票	4.15	0.37	删除

通过课题组成员进行例会讨论，本研究对第一轮咨询中专家就部分条目的修订意见进行归纳整理，并根据专家意见集中程度分析结果对条目池进行修订，主要包括：删除“游戏偏好”和“购买地点”两个维度，将彩民的“游戏偏好”放入彩民基本信息问卷中进行调查；删除“迷信”维度中的条目1、3、5；删除“购买方式”维度中的条目1、3、5、8、11、12、13；考虑到“自我控制能

力”维度的条目 2 和“购买方式”维度的条目 2、4 都表示了彩民希望通过持续不断地投入以避免因为突然放弃投注而错失中奖的机会，而将这三个条目归入同一个维度，暂时命名为“持续消费”。

在第一轮专家咨询结果的基础上，新的条目池和专家咨询表得以形成，共包括 5 个维度，20 个条目(详见附件四)。

5.第二轮咨询结果

专家基本情况：第二轮专家为第一轮有回复且回复质量合格的专家($N=12$)，课题组将条目池具体修改情况以及各专家的修改意见和说明向各位专家进行详细介绍。

专家积极系数：第二轮专家咨询回复率为 100%，专家积极系数较高。

专家意见集中程度显示仅有 1 个条目的满分比较低，建议删除，该条目为“情境影响”维度中的条目 2，具体分值详见表 4-3。

专家协调系数：第二轮专家协调系数为 0.422，介于 0.4～0.5 的区间，显示专家之间协调性理想，不再进行后续咨询。

表 4-3　　　　第二轮专家意见集中程度($N=12$)

维度/ 条目	平均值	满分比	筛选情况
自我控制能力			
1.我会在经济拮据时增加购彩频率或金额	4.61	0.69	保留
2.我会在购买彩票时超出给自己设定的资金限额	4.84	0.81	保留
3.我会在没钱的时候想办法去买彩票(例如借钱)	4.87	0.88	保留
4.我会在购买彩票时超出自己的承受能力	4.68	0.73	保留
情境影响			
1.我会在有促销活动时购买更多彩票	4.25	0.55	保留
2.我会在奖池增加时买更多的彩票	3.11	0.45	删除
迷信			
1.我会在感觉运气好的时候购买更多的彩票	4.60	0.68	保留
2.我会让不懂彩票的人帮我选择号码	4.47	0.62	保留
3.我会用与自己相关的数字(生日、纪念日等)去购买彩票	4.83	0.79	保留

续表

维度/ 条目	平均值	满分比	筛选情况
4.我会在感觉不顺时去购买彩票，冲冲晦气	4.25	0.55	保留
5.我会让运气特别好的人替我购买彩票	4.87	0.86	保留
6. 我会用梦见的数字去购买彩票	4.79	0.77	保留
7.我会在曾经中奖的时间段去购买彩票	4.61	0.70	保留
持续消费			
1.我会在没有中奖时继续购买彩票	4.59	0.68	保留
2.我会用中奖奖金继续购买彩票	4.72	0.75	保留
3.我会用自己选择的号码持续购买彩票	4.28	0.58	保留
购买方式			
1.我会通过分析号码走势图来购买彩票	4.74	0.75	保留
2.我会模仿别人的购彩方式购买彩票	4.68	0.72	保留
3.我通常是随机选号进行投注	4.65	0.71	保留
4.我会用冷号或热号购买彩票	4.90	0.89	保留

6.彩民购彩行为量表(预试)形成

第二轮专家咨询中各位专家认为各条目表述基本合适，自此形成了彩民购彩行为量表(预试)，包括自我控制能力、情境影响、迷信、持续消费和购买方式 5 个维度，共 19 个条目，彩民购彩行为量表(预试)详见附件五。

表 4-4　　第一轮专家咨询修订意见汇总($N=14$)

<table>
<tr><th>维度/ 条目</th><th>专家意见</th><th>修改情况</th><th>筛选情况</th></tr>
<tr><td>游戏偏好</td><td></td><td></td><td></td></tr>
<tr><td>1.我主要买数字型彩票(比如大乐透、排列 3/5 等)</td><td rowspan="3">彩民对于游戏玩法的偏好可放在彩民基本信息调查表中作为彩民的一般资料进行呈现，作为彩民的购彩行为特征，这三个条目代表三种不同的选择方式，用来表示彩民某种共性的行为不够合适</td><td rowspan="3">删除这一维度，并入彩民基本信息问卷</td><td>删除</td></tr>
<tr><td>2.我主要买竞猜型彩票</td><td>删除</td></tr>
<tr><td>3.我主要买即开型彩票</td><td>删除</td></tr>
</table>

续表

维度/条目	专家意见	修改情况	筛选情况
自我控制能力			
1.我会在经济拮据时增加购彩频率或金额,希望通过中大奖改善生活	表述过于烦琐,因为存在这种行为的彩民对于前半句要表达的意思就很容易理解,可考虑删掉后半句	我会在经济拮据时增加购彩频率或金额	保留
2.我在买高频彩票时,会持续投注,很难停止	涉及具体的彩票游戏,过于具体,而且要表达的意思与"购买方式"维度中的部分条目1和16类似,建议合并,作为"购买方式"维度条目进行展示,并考虑用其他表达方式	我会在没有中奖时继续购买彩票	保留
3.我会给自己设定一个买彩票需要的资金限额,但往往控制不住	适当调整词语句式,与其他条目的表达方式尽量统一	我会在购买彩票时超出给自己设定的资金限额	保留
4.我在没钱的时候也会想办法去买彩票	可对"想办法"进行举例,对彩民以适当引导,可保证彩民能更好地理解这一条目	我会在没钱的时候想办法去买彩票(例如借钱)	保留
5.购买彩票的数量经常会超过自己的可控制范围	同该维度条目2	我会在购买彩票时超出自己的承受能力	保留
情境影响			
1.我会在有促销活动时加大购彩力度	尽量保证与条目2的表述一致	我会在有促销活动时购买更多彩票	保留
2.我会在奖池增加时买更多的彩票			保留
迷信			
1.有好彩头时,我就会多买几注彩票	与条目2表述类似,建议合并或保留条目2		删除

续表

维度/ 条目	专家意见	修改情况	筛选情况
2.我会在感觉运气好的时候购买更多的彩票			保留
3.我会穿特定颜色衣服或携带幸运物去买彩票	在中国彩民身上较少发现这种情况特别是穿特定颜色衣服，这一条目主要表示彩民因迷信而表现出一些行为，该维度中其他条目已有较为合理的表述，可考虑删除		删除
4.我会让不懂彩票的人帮我选择号码，例如孩子、陌生人等	举例部分过于赘述	我会让不懂彩票的人帮我选择号码	保留
5.我会参考今日运势或找人算命决定今天是否要买彩票	建议同该维度条目 3		删除
6.我会用与自己相关的数字进行投注	建议对“相关的数字”进行说明	我会用与自己相关的数字(生日、纪念日等)去购买彩票	保留
7.我会在感觉不顺时去购买彩票，冲冲晦气			保留
8.我会让运气特别好的人替我购买彩票			保留
9. 我会用梦见的数字去购买彩票			保留
购买地点			保留
1.我通常会在上下班路上就近买彩票	有专家提出，该维度后两条虽然表明了彩民因为各种原因选择不同的网点购买彩票，但其实还是一种希望通过好彩头或其他手段来达到中奖的目的，与条目 1 有着本质差异，是一种主动寻求中奖机会的表现。建议条目 2 移至下一维度，条目 3 移至上一维度。若其他两个维度的条目足以对维度内涵进行说明，可考虑删除		删除
2.我会去不同的网点买彩票，这样可以增加中奖的概率			删除
3.我会去中过大奖的彩票店购买彩票			删除

续表

维度/条目	专家意见	修改情况	筛选情况
购买方式			
1.我会在购买高频彩票时持续投注	见“自我控制能力”维度条目2		删除
2.我会根据号码走势图的规律来确定号码	建议修改表述方式，其实号码走势图本没有规律，这样表述潜在会给彩民一种心理上的误导	我会通过分析号码走势图来购买彩票	保留
3.买即开型彩票时，我对彩票的位置有要求	尽量避免给出具体的彩票游戏		删除
4.买即开型彩票时，我会用中奖奖金继续购买彩票	同上	我会用中奖奖金继续购买彩票	保留
5.买即开型彩票时，我会自己选择买哪一张彩票	同上		删除
6.我会在以往中奖的时间段去购买彩票	这种购买方式其实也是因为迷信而产生的，建议放入“迷信”维度	我会在曾经中奖的时间段去购买彩票	保留
7.我始终用同一组号码购买彩票	这一条目同样表示彩民通过坚持用某一注号码进行投注以免错过中奖机会的心理，但表示过于强烈，建议进行适当修改	我会用自己选择的号码持续购买彩票	保留
8.我会靠掷骰子的结果确定要投注的对象			删除
9.我会模仿别人的购彩方式购买彩票	同该维度条目15所表示的意思相似，建议合并		保留
10.我通常是随机选号进行投注			保留
11.我通常与别人一起合买彩票	这三个条目的确表现了彩民购买彩票的某种方式，但要抽象归纳彩民的购彩行为时，这三个条目的作用并不是很大		删除
12.我通常一个人去买彩票			删除
13.我通常和朋友（或家人、同事）一起去买彩票			删除

续表

维度/条目	专家意见	修改情况	筛选情况
14.我通常会用“冷热号”进行投注	建议对“冷热号”分开表述	我会用冷号或热号购买彩票	保留
15.我会参考大奖中奖故事中的购彩方式购买彩票	见该维度条目 9		删除
16.就算不中奖，我也会坚持购买彩票	见“自我控制能力”维度条目 2		删除

注：有专家提出以下建议：(1)条目尽量要口语化，考虑到有的彩民学历并不是很高，过于专业化的表述会让其难以明确调查人员的本意；(2)维度需要再调整，不同维度中的条目从理解上其实可以合并为同一个维度。

五、彩民购彩行为量表(预试)评价

(一)项目分析

1.临界比值

根据彩民购彩行为量表总分值按 27%的标准进行分组，分为高分组和低分组(见图 4-2)，采用独立样本 T 检验对高低分组的被试在各条目得分进行检验，结果显示各条目区分度较好，决断值(CR)范围为 10.928～24.276，均大于 3，且 P 值均小于 0.01，具有统计学意义。结果详见表 4-5。

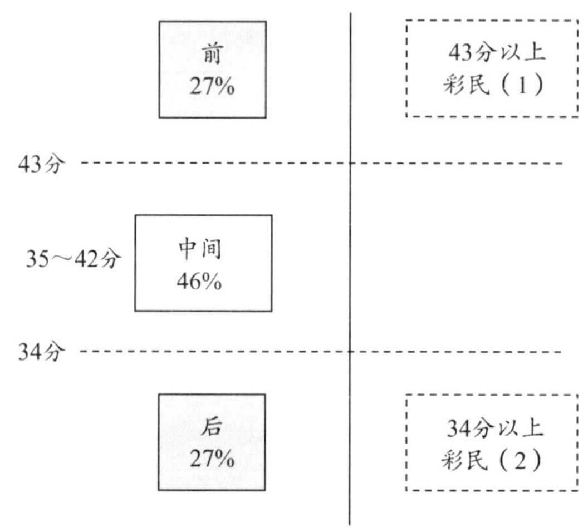

图 4-2 彩民购彩行为评价量表(预试)高低分组比较差异图

表 4-5　　　　各条目决断值(CR)情况($N=185$)

条目	CR 值	P	筛选情况
1.我会通过分析号码走势图来购买彩票	15.481	0.00	保留
2.我会在购买彩票时超出自己的承受能力	13.418	0.00	保留
3.我会用梦见的数字去购买彩票	17.654	0.00	保留
4.我会在曾经中奖的时间段去购买彩票	15.088	0.00	保留
5.我会用与自己相关的数字(生日、纪念日等)去购买彩票	15.462	0.00	保留
6.我会在感觉运气好的时候购买更多的彩票	24.276	0.00	保留
7.我会用中奖的奖金继续购买彩票	19.981	0.00	保留
8.我会在有促销活动时购买更多彩票	10.928	0.00	保留
9.我会用冷号或热号购买彩票	18.404	0.00	保留
10.我会模仿别人的购彩方式购买彩票	15.181	0.00	保留
11.我会在经济拮据时增加购买彩票的次数或金额	17.929	0.00	保留
12.我通常是随机选号进行投注	14.633	0.00	保留
13.我会在感觉不顺时去购买彩票,冲冲晦气	17.518	0.00	保留
14.我会用自己选择的号码持续购买彩票	23.041	0.00	保留
15.我会在没有中奖时继续购买彩票	19.348	0.00	保留
16.我会在购买彩票时超出给自己设定的资金限额	19.145	0.00	保留
17.我会让运气特别好的人替我购买彩票	18.043	0.00	保留
18.我会让不懂彩票的人帮我选择号码	18.155	0.00	保留
19.我会在没钱的时候想办法去买彩票(例如借钱)	21.225	0.00	保留

2.相关系数

采用 Pearson 相关对彩民购彩行为评价量表(预试)各条目与量表总分之间的相关性进行检验,结果显示条目 8 与量表总分的相关系数为 0.371(<0.40),其他条目相关系数处于 0.418～0.601,且 P 值均小于 0.01,具有统计学意义,考虑把“我会在有促销活动时购买更多彩票”删除,结果详见表 4-6。

表 4-6　　各条目与量表总分的相关性($N=185$)

条目	与量表总分的相关系数	P	筛选情况
1.我会通过分析号码走势图来购买彩票	0.452	0.00	保留
2.我会在购买彩票时超出自己的承受能力	0.433	0.00	保留
3.我会用梦见的数字去购买彩票	0.492	0.00	保留
4.我会在曾经中奖的时间段去购买彩票	0.432	0.00	保留
5.我会用与自己相关的数字(生日、纪念日等)去购买彩票	0.467	0.00	保留
6.我会在感觉运气好的时候购买更多的彩票	0.601	0.00	保留
7.我会用中奖的奖金继续购买彩票	0.540	0.00	保留
8.我会在有促销活动时购买更多彩票	0.371	0.00	删除
9.我会用冷号或热号购买彩票	0.503	0.00	保留
10.我会模仿别人的购彩方式购买彩票	0.455	0.00	保留
11.我会在经济拮据时增加购买彩票的次数或金额	0.525	0.00	保留
12.我通常是随机选号进行投注	0.418	0.00	保留
13.我会在感觉不顺时去购买彩票,冲冲晦气	0.512	0.00	保留
14.我会用自己选择的号码持续购买彩票	0.579	0.00	保留
15.我会在没有中奖时继续购买彩票	0.546	0.00	保留
16.我会在购买彩票时超出给自己设定的资金限额	0.523	0.00	保留
17.我会让运气特别好的人替我购买彩票	0.494	0.00	保留
18.我会让不懂彩票的人帮我选择号码	0.517	0.00	保留
19.我会在没钱的时候想办法去买彩票(例如借钱)	0.556	0.00	保留

3.内部一致性

内部一致性结果显示,条目 8 修正的项目与量表总分相关性小于 0.40,考虑删除。量表总的 Cronach'α 为 0.835,条目删除后该系数不变或变大的条目为 8、12,考虑删除。因此,通过内部一致性检验,把“我会在有促销活动时购买更多彩票”和“我通常是随机选号进行投注”两个条目删除,结果详见表 4-7。

表 4-7　　　　修正的条目与量表总分的相关性($N=185$)

条目	与量表总分的相关系数	条目删除后的 Cronbach'α 系数	筛选情况
1.我会通过分析号码走势图来购买彩票	0.581	0.831	保留
2.我会在购买彩票时超出自己的承受能力	0.538	0.801	保留
3.我会用梦见的数字去购买彩票	0.447	0.831	保留
4.我会在曾经中奖的时间段去购买彩票	0.511	0.822	保留
5.我会用与自己相关的数字(生日、纪念日等)去购买彩票	0.611	0.812	保留
6.我会在感觉运气好的时候购买更多的彩票	0.490	0.833	保留
7.我会用中奖的奖金继续购买彩票	0.602	0.823	保留
8.我会在有促销活动时购买更多彩票	0.382	0.838	删除
9.我会用冷号或热号购买彩票	0.536	0.828	保留
10.我会模仿别人的购彩方式购买彩票	0.522	0.806	保留
11.我会在经济拮据时增加购买彩票的次数或金额	0.454	0.812	保留
12.我通常是随机选号进行投注	0.428	0.842	删除
13.我会在感觉不顺时去购买彩票，冲冲晦气	0.440	0.820	保留
14.我会用自己选择的号码持续购买彩票	0.451	0.809	保留
15.我会在没有中奖时继续购买彩票	0.533	0.832	保留
16.我会在购买彩票时超出给自己设定的资金限额	0.557	0.811	保留
17.我会让运气特别好的人替我购买彩票	0.561	0.809	保留
18.我会让不懂彩票的人帮我选择号码	0.475	0.815	保留
19.我会在没钱的时候想办法去买彩票(例如借钱)	0.570	0.821	保留
总量表信度		0.835	

把不符合各项检验标准的条目予以删除，共删除两个条目，分别为“我会在有促销活动时购买更多彩票”和“我通常是随机选号进行投注”。通过项目分析，量表保留了 17 个条目。

（二）效度检验

1.探索性因子分析

结果显示，量表的 KMO 值为 0.853，Barlett 球形检验显示 P 小于 0.01，具有统计学意义，适合进行因子分析；采用主成分分析提取公共因子，不限定因子个数条件下获取 5 个特征值大于 1 的因子，共解释总变异 68.183%，选取的因子较为理想，详见表 4-8；从各条目因子载荷情况来看，两个条目因子载荷小于 0.5，予以删除，分别为“我会模仿别人的购彩方式购买彩票”和“我会在感觉不顺时去购买彩票，冲冲晦气”，详见表 4-9。

表 4-8　　特征值大于 1 的因子解释总变异情况（N＝185）

成分	初始特征值			提取平方和载入			旋转平方和载入		
	合计	方差的 %	累积 %	合计	方差的 %	累积 %	合计	方差的 %	累积 %
1	3.378	24.129	24.129	3.378	24.129	24.129	2.221	15.862	15.862
2	2.181	15.577	39.706	2.181	15.577	39.706	2.157	15.404	31.266
3	1.851	13.223	52.929	1.851	13.223	52.929	2.093	14.952	46.217
4	1.179	8.422	61.351	1.179	8.422	61.351	1.610	11.498	57.715
5	0.957	6.832	68.183	0.957	6.832	68.183	1.466	10.468	68.183
6	0.786	5.615	73.798						
7	0.694	4.961	78.759						
8	0.660	4.718	83.476						
9	0.543	3.880	87.356						
10	0.518	3.698	91.054						
11	0.446	3.185	94.239						
12	0.336	2.401	96.640						
13	0.250	1.787	98.426						
14	0.220	1.574	100						

表 4-9　　因子载荷情况($N=185$)

条目	因子载荷	筛选情况
1.我会通过分析号码走势图来购买彩票	0.694	保留
2.我会在购买彩票时超出自己的承受能力	0.613	保留
3.我会用梦见的数字去购买彩票	0.579	保留
4.我会在曾经中奖的时间段去购买彩票	0.537	保留
5.我会用与自己相关的数字(生日、纪念日等)去购买彩票	0.562	保留
6.我会在感觉运气好的时候购买更多的彩票	0.544	保留
7.我会用中奖的奖金继续购买彩票	0.526	保留
8.我会用冷号或热号购买彩票	0.531	保留
9.我会模仿别人的购彩方式购买彩票	0.462	删除
10.我会在经济拮据时增加购买彩票的次数或金额	0.542	保留
11.我会在感觉不顺时去购买彩票,冲冲晦气	0.485	删除
12.我会用自己选择的号码持续购买彩票	0.592	保留
13.我会在没有中奖时继续购买彩票	0.651	保留
14.我会在购买彩票时超出给自己设定的资金限额	0.548	保留
15.我会让运气特别好的人替我购买彩票	0.672	保留
16.我会让不懂彩票的人帮我选择号码	0.736	保留
17.我会在没钱的时候想办法去买彩票(例如借钱)	0.567	保留

到此阶段,前文提出的“情境影响”维度的条目全部予以删除,从因子载荷矩阵来看(见表 4-10),剩余的 15 个条目依旧划分为 5 个因子,与备选条目池各条目所属维度相比,“自我控制能力”“持续消费”和“购买方式”三个维度的条目位置没有变化,分别划入因子 2、因子 3 和因子 5,“迷信”维度中的 6 个保留条目划入两个因子,其中“我会让不懂彩票的人帮我选择号码”和“我会让运气特别好的人替我购买彩票”划入因子 4,剩余其他 4 个条目划入因子 1。课题组经过讨论,根据各因子所含条目的具体意义,重新对各因子进行命名,5 个因子分别命名,并进行解释说明:

①迷信行为,是指彩民认为通过一定方式可以控制彩票的开奖结果或

提高中奖概率，包含条目 1、2、3、4。

②控制失调，是指彩民很难或无法停止自己的购彩行为，包含条目 5、6、7、8。

③追逐行为，是指彩民在购买彩票时坚持某一些号码或持续投注直到中奖或通过大量投注以免自己错过中奖机会，包含条目 9、10、11。

④代买行为，是指彩民让运气好或其他可帮助自己提高中奖概率的人替自己购买彩票，包含条目 12、13。

⑤号码关联，是指彩民彩民把中奖与选择号码的方式进行联系，包含条目 14、15。详见表 4-11。

表 4-10　　旋转后的因子载荷矩阵（$N=185$）

条目	因子				
	1	2	3	4	5
1.我会用梦见的数字去购买彩票	0.709	0.130	−0.137	0.055	0.193
2.我会在曾经中奖的时间段去购买彩票	0.678	0.191	0.165	0.021	0.116
3.我会用与自己相关的数字（生日、纪念日等）去购买彩票	0.671	0.002	0.232	0.216	−0.106
4.我会在感觉运气好的时候购买更多的彩票	0.600	0.025	0.384	0.131	0.135
5.我会在购买彩票时超出自己的承受能力	0.177	0.739	−0.139	−0.002	0.125
6.我会在购买彩票时超出给自己设定的资金限额	0.050	0.691	0.201	0.056	0.155
7.我会在没钱的时候想办法去买彩票（例如借钱）	−0.009	0.636	0.047	0.331	−0.224
8.我会在经济拮据时增加购买彩票的次数或金额	0.122	0.584	0.075	0.266	0.103
9.我会在没有中奖时继续购买彩票	0.038	0.156	0.790	−0.022	0.025
10.我会用自己选择的号码持续购买彩票	0.101	−0.080	0.698	−0.009	0.298
11.我会用中奖的奖金继续购买彩票	0.353	0.064	0.617	−0.037	0.122

续表

条目	因子				
	1	2	3	4	5
12.我会让不懂彩票的人帮我选择号码	0.092	0.202	−0.028	0.828	−0.006
13.我会让运气特别好的人替我购买彩票	0.183	0.180	−0.035	0.760	0.163
14.我会通过分析号码走势图来购买彩票	0.088	0.096	0.150	−0.042	0.808
15.我会用冷号或热号购买彩票	0.149	0.097	0.196	0.212	0.645

表 4-11　　彩民购彩行为量表各因子命名及具体条目情况

维度	编号	条目
迷信行为	1	我会用梦见的数字去购买彩票
	2	我会在曾经中奖的时间段去购买彩票
	3	我会用与自己相关的数字(生日、纪念日等)去购买彩票
	4	我会在感觉运气好的时候购买更多的彩票
控制失调	5	我会在没钱的时候想办法去买彩票(例如借钱)
	6	我会在购买彩票时超出自己的承受能力
	7	我会在购买彩票时超出给自己设定的资金限额
	8	我会在经济拮据时增加购买彩票的次数或金额
追逐行为	9	我会在没有中奖时继续购买彩票
	10	我会用自己选择的号码持续购买彩票
	11	我会用中奖的奖金继续购买彩票
代买行为	12	我会让运气特别好的人替我购买彩票
	13	我会让不懂彩票的人帮我选择号码
号码关联	14	我会通过分析号码走势图来购买彩票
	15	我会用冷号或热号购买彩票

2.验证性因子分析

验证性因子分析数据采用结果显示,5 个维度的彩民购彩行为评价量表

(预试)因子结构稳定,5 因子模型各项适配指标较为理想,尽管χ^2、NFI 和 RFI 数值没有达到统计标准,但基本接近数值要求,尚可接受。根据各适配指标值的标准①,该模型所检验指标均符合标准,表示该模型基本适配度良好,详见表 4-12。量表标准化路径图如图 4-3 所示。

表 4-12　彩民购彩行为量表(预试)模型适配指数(N=1198)

统计检验量	适配的标准或临界值	5 因子模型检验结果	模型适配度
绝对适配度指数			
χ^2	$P>0.05$	569.4($df=120$ $P=0.248>0.05$)	是
χ^2自由度比值	<2	4.745	是
RMR	<0.05	0.035	是
RMSEA	<0.05 优良;<0.08 良好	0.069	是
GFI	>0.9	0.921	是
AGFI	>0.9	0.904	是
增值适配度指数			
NFI	>0.9	0.832	否
RFI	>0.9	0.890	否
IFI	>0.9	0.933	是
TLI	>0.9	0.919	是
CFI	>0.9	0.947	是
简约适配度指数			
PGFI	>0.5	0.684	是
PNFI	>0.5	0.724	是
PCFI	>0.5	0.759	是
CN	>200	213	是

注:χ^2自由度比值大于 2,但李菊芳认为该比值小于 0.5 时仍可接受②,因此在模型适配度中表示为"是"。

① 吴明隆:《结构方程模型——AMOS 的操作与应用》,重庆大学出版社 2009 年版,第 240 页。

② 参见李菊芳:《脑卒中后早期抑郁筛查量表的编制与初步应用研究》,重庆医科大学博士学位论文,2016 年。

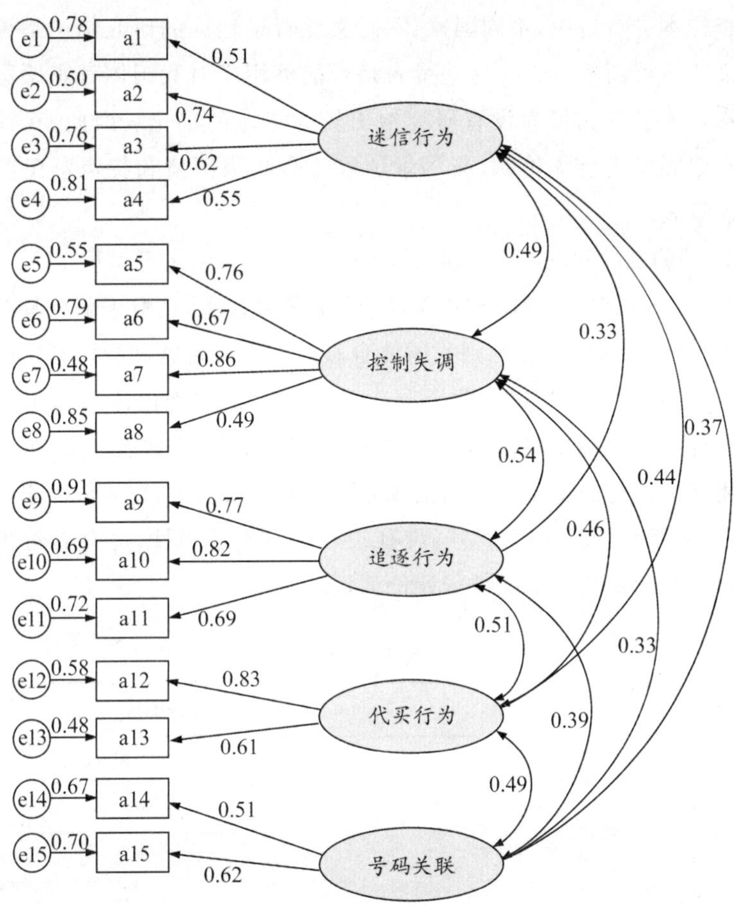

图 4-3 彩民购彩行为量表(预试)标准化路径图

3.效标关联效度

目前国际上通行的用于甄别问题彩民的量表主要有 DSM 系列量表(The Diagnostic and Statistical Manual)、SOGS 量表(South Oaks Gambling Screen)、CPGI 量表(The Canadian Problem Gambling Index)、VGS 量表(The Victorian Gambling Screen)等。前两个量表在美国、澳大利亚、欧洲、加拿大等国家得到了广泛应用,后两个量表主要针对特定国家和区域的彩民样本进行评价使用。

尽管目前用于评价问题彩民的量表很多,但从大多数研究及临床报告来看,这些量表目前多应用于精神病学的临床诊断,且基本以西方国家的彩民为调查样本进行讨论，不同国家、不同文化背景地区的研究结论是否具有普遍意义还值得商榷；同时，这些量表是否能够用于对我国体育彩票彩民的问题购彩行为进行测量尚没有研究给出较为肯定的结论。因此，在针对我国体育彩票彩民进行评价时，应尽量选取符合我国国情和特定彩民群体现状的测评量表。

由 Li 等编制的问题购彩评价量表(Scale of Assessing Problem Gambling, SAPG)是在 DSM、SOGS 和 CPGI 等多个量表的基础上，选取了部分具有代表性的具体评价条目，同时考虑到我国体育彩票的发展现状和我国彩民的特殊性编制而成。① 该量表共包含两个层次和三个维度的理论体系的用于评价彩民购彩行为是否存在问题的测评量表，具体理论框架如表 4-13 所示。量表在上述理论结构的基础上采用主成分分析抽取公因子，特征值大于 1 的因子共 4 个，解释总变异 48.425%，具有较好的本土适用性，可有效对我国体育彩票彩民的问题购彩情况进行评价测量。

表 4-13　　SAPG 理论结构

维度	子维度
心理状态	不良动机
	认知偏差
	不良情绪
	个性偏执
不良的行为方式	精力投入过度
	资金投入过度
	自我行为矫正能力缺失
危害	撒谎
	家庭危害
	社会危害

① H. Li, L. L. Mao, J. J. Zhang, Y. Wu, A. Li & J. Chen, Dimensions of problem gambling behavior associated with purchasing sports lottery [J]. *Journal of Gambling Studies*, 2012,28(1): 47-68.

该量表共 4 个维度，包含 19 个条目：①不良行为和危害，包括 8 个条目，是指彩民因购彩而产生的不良行为和习惯，以及由此而造成的对社会生活、社会交往、家庭和睦等方面的消极影响或破坏；②期望过高，包括 5 个条目，是指彩民过于期盼中奖或中大奖，购彩行为超出正常范围；③行为失控，包括 4 个条目，是指彩民因购彩而产生困扰，但无法摆脱出来，造成了内心的矛盾和冲突；④不良情绪，包括 2 个条目，是指彩民因购买彩票或因开奖结果而出现的心理落差，导致彩民的心理健康出现问题。上述 4 个维度中，第 1 个侧重彩民的购彩行为对社会产生的危害，其他 3 个侧重彩民的购彩行为对彩民自身产生的危害。具体情况如表 4-14 所示。本研究对该量表采用 Likert 5 级评分法（1＝从不，5＝总是），分数越高，表明彩民存在问题购彩行为的概率越高。

表 4-14　　SAPG 各维度及具体条目情况

维度	编号	条目
不良行为和危害	1	您曾因购买彩票而产生家庭经济问题，如借钱、举债
	2	您曾动用不属于自己的资金购买彩票
	3	您曾因购买彩票而与家人产生矛盾
	4	您曾为购买彩票而节省生活开支
	5	您购买彩票的金额超过自己的承受能力
	6	您曾因购买彩票而影响工作或生活
	7	您曾为购买彩票而放弃娱乐、人际交往等活动
	8	您曾因购买彩票而减少与家人相处的时间
期望过高	1	您认为自己在购买、研究彩票的过程中花费了过多的精力
	2	您购买彩票的金额超出了自己或家人的预期
	3	您坚信自己一定能中奖，并不断地追加金额购买彩票
	4	通过增加购买彩票金额及频率可以增加您的兴奋感
	5	您为挽回投入的资金而再次购买彩票

续表

维度	编号	条目
行为失控	1	您曾努力尝试不去回忆过去购买彩票的经历，但都失败了
	2	您虽然怀疑彩票的公信力，却仍然购买
	3	您曾努力尝试控制、减少或停止购买彩票，但都失败了
	4	家人、朋友曾对您购买彩票的行为进行劝阻，但您却坚持购买
不良情绪	1	当自己的彩票没有中奖时，您想掩饰沮丧的申请，但无法掩饰
	2	您购买彩票未中奖时常伴有挫折感

彩民购彩行为量表（预试）总分及其 5 个维度得分与 SAPG 总分的 Pearson 相关系数区间为 0.196～0.586，P 值均小于 0.01；彩民购彩行为量表（预试）总分与 SAPG 的 4 个维度得分的 Pearson 相关系数区间为 0.390～0.541，P 值均小于 0.01。结果显示，彩民在两个量表中的得分存在显著相关性，而且两个量表的子维度之间也存在显著相关性，说明当彩民在购彩行为评价量表得分升高时，彩民在其购彩行为上很可能表现出一定问题，有向问题购彩发展的趋势。具体情况如表 4-15 所示。

表 4-15　彩民购彩行为评价量表的效标关联效度检验结果

维度	SAPG 总分	不良行为和危害	期望过高	行为失控	不良情绪
迷信行为	0.317**	0.223**	0.327**	0.283**	0.268**
控制失调	0.586**	0.572**	0.497**	0.448**	0.350**
追逐行为	0.196**	0.029	0.322**	0.262**	0.120**
代买行为	0.362**	0.359**	0.255**	0.259**	0.326**
号码关联	0.292**	0.167**	0.337**	0.297**	0.228**
行为总分	0.541**	0.415**	0.541**	0.479**	0.390**

注：** 表示在 0.01 水平（双侧）上显著相关。

（三）信度检验

彩民购彩行为评价量表（预试）信度检验情况如表 4-16 所示，量表整体

Cronbach's α 系数为 0.862，与项目分析之前的量表信度系数相比有所提升，5 个维度 Cronbach's α 系数区间为 0.727～0.894；每个维度所包含的各条目之间的平均相关系数区间为 0.412～0.739，所有相关系数都具有统计学意义，P 值均小于 0.01。

表 4-16　　彩民购彩行为评价量表(预试)信度情况

维度	Cronbach's α	各条目间平均相关系数
迷信行为	0.871	0.433
控制失调	0.894	0.412
追逐行为	0.727	0.528
代买行为	0.791	0.739
号码关联	0.851	0.592
总信度	0.862	0.541

(四)正式版量表形成

综合上述过程，采用专家咨询、项目分析、信效度检验，从备选条目池共删除 24 个条目，保留 15 个条目，专家咨询阶段删除 20 个条目，项目分析阶段删除 2 个条目，信效度检验阶段删除 2 个条目，最终形成了正式的彩民购彩行为量表，共包括 5 个维度，15 个条目。采用 Likert 5 级计分法，"从不""很少""有时""很多""总是"分别计分为 1、2、3、4、5。采用正式发放数据进行验证性因子分析和信度检验，结果显示，根据各适配指标值的标准①，该模型所检验指标均符合标准，表示该模型基本适配度良好。彩民购彩行为量表(正式版)详见附件六。

① 参见吴明隆：《结构方程模型——AMOS 的操作与应用》，重庆大学出版社 2009 年版，第 240 页。

第五章　上海市体育彩票彩民的分类

本章采用彩民购彩行为评价量表的数据对上海市体育彩票彩民的购彩行为特征现状进行了统计分析，为进一步交叉验证彩民购彩行为评价量表的测量能力及对彩民分类的合理性，采用判别分析和聚类分析从不同角度对彩民进行分类，对不同分类的人口特征及行为特征进行了系统描述分析。

一、基于判别分析的彩民分类

以彩民购彩行为评价量表的得分情况为基础，将5点评分标准重新计分，"1～3"记为0分，"4"记为1分，"5"记为2分，以此为标准计算彩民在购彩行为评价量表的5个维度的均分。Li等通过其他测量工具对彩民的问题购彩评价时认为，当有超过50%的维度均分大于等于1时，可认为彩民在这些维度上具有高分特征。[①] 根据这一标准，本研究把超过3个维度均分大于或等于1的彩民看作问题彩民，具有重度表现行为；少于3个维度的均分大于或等于1的彩民看作正常彩民，在表现行为上作进一步划分，2～3个维度的均分大于等于1的彩民看作具有中度表现行为的正常彩民，少于2个维度的均分大于等于1的彩民看作具有轻度表现行为的正常彩民。具体情况见表5-1。

① H. Li, L. L. Mao, J. J. Zhang, Y. Wu, A. Li & J. Chen, Dimensions of problem gambling behavior associated with purchasing sports lottery [J]. *Journal of Gambling Studies*, 2012, 28(1): 47-68.

表 5-1　　彩民分类情况(*N*=1198)　　单位：人

类别	表现	人数(人)	比例(%)
问题彩民	重度表现	68	5.7
正常彩民	中度表现	237	19.8
	轻度表现	893	74.5
总计		1198	100

结合彩民在购彩行为评价量表中的得分，采用 Fisher's 判别方法建立判别公式对彩民进行判别，判别公式系数见表 5-2。

表 5-2　　判别公式系数

编号	条目	函数系数
1	我会用梦见的数字去购买彩票	0.180
2	我会在曾经中奖的时间段去购买彩票	0.911
3	我会用与自己相关的数字(生日、纪念日等)去购买彩票	−0.307
4	我会在感觉运气好的时候购买更多的彩票	0.268
5	我会在购买彩票时超出自己的承受能力	0.136
6	我会在购买彩票时超出给自己设定的资金限额	0.437
7	我会在没钱的时候想办法去买彩票(例如借钱)	0.240
8	我会在经济拮据时增加购买彩票的次数或金额	0.109
9	我会在没有中奖时继续购买彩票	0.473
10	我会用自己选择的号码持续购买彩票	0.057
11	我会用中奖的奖金继续购买彩票	0.267
12	我会让不懂彩票的人帮我选择号码	0.674
13	我会让运气特别好的人替我购买彩票	0.445
14	我会通过分析号码走势图来购买彩票	0.258
15	我会用冷号或热号购买彩票	0.338
	常数	−0.899

根据判别分析所得的判别公式系数，判别公式如下所示：

$$Y=-0.899+0.18*c1+0.911*c2-0.307*c3+0.268*c4+0.136*c5+0.437*c6+0.24*c7+0.109*c8+0.473*c9+0.057*c10+0.267*c11+0.674*c12+0.445*c13+0.258*c14+0.338*c15$$

根据判别公式所计算的判别分析结果如表 5-3 所示。根据判别公式求得临界值为 2.93，以 Y 值>2.93 判为问题彩民，≤2.93 判为正常。

表 5-3　　判别分析结果

	彩民类别	预测类别		合计
		正常彩民	问题彩民	
频数	正常彩民	1102	30	1132
	问题彩民	2	64	66
%	正常彩民	97.3	2.7	100
	问题彩民	3.0	97.0	100

表 5-3 的结果表明，按照该判别公式，所有彩民的判别正确的比例高达 97.3%，其中 97.3%的正常彩民判别正确，97.0%的问题彩民判别正确，这说明该判别公式的判别准确度较高，能够较好地判别出彩民的类别。另外，3.0%的问题彩民被判定为正常彩民，说明多数判别错误比实际情况判别偏轻。

采用问题彩民判别公式对彩民进行判定，建立在大样本测试所形成的判别模型的基础上，即根据各类彩民主要的、共同的特性所建立的数学模型。这样的判别模型有两方面的优点：一是综合进行评价；二是可以减少极端值对测量结果的影响。

被测试人员的分类情况是根据他的测试结果与大样本测试结果的均值进行比较得出的结果。这是一种按均数原则进行的综合评价。这样的评价方法可以避免由于个体测试结果中的极端值对测试结果的影响，可以更为科学、准确、合理地进行分类。

在测试过程中，不再以某一维度得分高低来进行单一条件的判断，而是结合所有维度的测试结果进行的评价，这样可以减少单一条件评判所带来的评价误差。这是由于彩民的心理特征不是孤立地存在的，与其他的心理特性有着内在的、必然的联系，采用综合的评价方法，能够确定彩民的分类属性，也可以了解其在购彩行为中不合适的心理特性是源于何种因素。即使对于一些分类上属于潜在问题的，或属于正常范围的彩民，若他们在某一维度上存在异常的现象，也可以通过测量，评价测量的结果，对他们提出相应的提示和忠告，这样既不会造成评价上的不准确而给彩民带来心理压力，也不会遗漏少数彩民在某些因素上存在的不合适的反应结果。

从数据来看，上海市体育彩票问题彩民的比例为 5.7%，与前人研究结果相比，上海市体育彩票问题彩民与全国总体情况相比占比更高。国外研究发现，以 DSM-IV 为测量标准，澳大利亚存在较严重购彩问题的彩民比例为 3%左右，部分欧洲国家和北美的问题购彩流行率为 2%～7%。[①] 由此可以看出上海市体育彩票问题彩民占比较高情况较为严峻。关于如何防止彩民的问题购彩行为进一步恶化以及如何降低问题彩民的比例等问题，很多学者通过研究给出了部分有效的建议。例如：对较为年轻的问题彩民采取逆向干涉[②]；保证预防问题购彩信息的传递广度与深度，严格定期在电视、报纸、网络等多种渠道向公众传递有关问题购彩的信息，同样包括咨询方式、咨询地点等信息的传递，可有效提升彩民对相关信息咨询的热度[③]，这些措施可以帮助让更多的人意识到问题彩民这一社会问题的危害；制定科学有效的游戏评估方法，以限制潜在具有危害的彩票游戏的发行等[④]。

---

① R. C. Kessler, I. Hwang, R. LaBrie, M. Petukhova, N. A. Sampson, K. C. Winters & H. J. Shaffer, DSM-IV pathological gambling in the National Comorbidity Survey Replication [J]. *Psychological Medicine*, 2008, 38(9): 1351.

② J. Petrie, F. Bunn & G. Byrne, Parenting programmes for preventing tobacco, alcohol or drugs misuse in children <18: A systematic review [J]. *Health Education Research*, 2007, 22(2): 177-191.

③ A. C. Jackson, H. Wynne, N. A. Dowling, J. E. Tomnay & S. A. Thomas, Using the CPGI to determine problem gambling prevalence in Australia: Measurement issues [J]. *International Journal of Mental Health & Addiction*, 2010, 8(4): 570-582.

④ I. N. Rose, Status of gambling laws [J]. *Gaming Law Review*, 2003, 7(1): 1-13. N. A. Dowling & S. Cosic, Client engagement characteristics associated with problem gambling treatment outcomes [J]. *International Journal of Mental Health and Addiction*, 2011, 9(6): 656-671.

二、基于聚类分析的彩民分类

采用聚类分析对彩民在评价量表的5个维度上的得分进行统计，对在不同维度表现相似的彩民进行统一划分。经过三十多年的发展，多种聚类统计方法和分析过程被提出，这一手段可普遍对研究对象进行分类。该方法的一个优势在于方便研究人员对所确定的分类人群进行自我界定；相反，采用分解方法，所分类的群体数目会预先得到判断，其中所包含的样本会根据相似性或数据测距进行自动分类。本研究根据上海市体育彩票彩民在各维度的表现相似性进行合理分类。默认情况下，FASTCLUS分析过程采用欧几里得测距方法，聚类中心的确定采用最小二乘估计，这一过程即K方模型。聚类中心就是算法在完全收敛时各聚类的观测平均值。

表 5-4　　彩民分类的组间和组内变异情况

分类	1	2	3	4	5
类别 1	3.78				
类别 2	4.88	3.07			
类别 3	9.43	6.35	2.22		
类别 4	12.22	7.35	7.15	2.86	
类别 5	18.41	14.31	9.25	9.17	2.5

在前人研究的基础上，我们对三聚类、四聚类和五聚类的结果进行初步分析。结果显示，五聚类的分析结果对于上海市体育彩票彩民的分类解释度更强，把上海市体育彩票彩民分成5个类别更为合适。数据显示，组间变异性（两个聚类中心之间的距离）都高于组内变异性（个体离聚类中心距离的平均值），这表示上述5个类别的彩民之间具有较好的区辨性，如表5-4所示。

从公共健康视角来看，博彩行为可被界定为一种连续统一体，也就是可以把彩民的购彩行为看作从不购彩到健康购彩直到问题购彩的连续统一体。Korn 认为，健康购彩行为是指维持或提升彩民幸福感的消费行为[①]，而不健康或问题购彩则是指连累、扰乱和损害个人、家庭以及职业追求，并导致各类不良后果的购彩行为。通过公共健康视角对这一连续统一体分析，可以更好地理解对上述对于购彩行为的界定，见图 5-1。

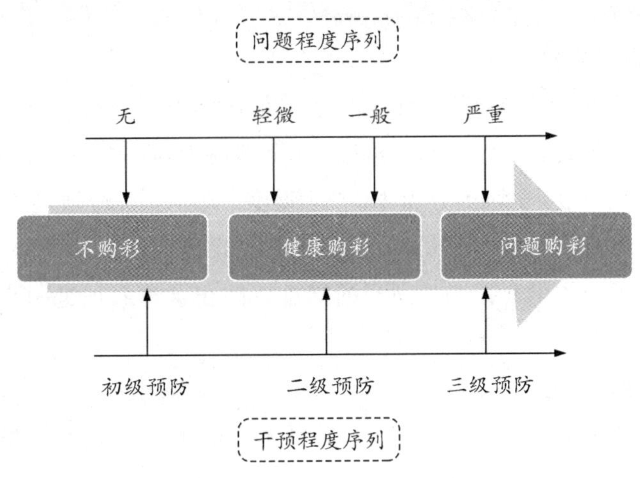

图 5-1　公共健康视角下的购彩行为程度及干预

基于这一分析，本研究对上述 5 个分类进行命名，从类别 1 到类别 5 分别把彩民的类别命名为休闲型彩民、过渡型彩民、潜在危害彩民、强迫型彩民和问题彩民，见表 5-5。

表 5-5　　　　各分类彩民分布情况（N＝1198）

	人数	占比（%）
休闲型彩民	539	45
过渡型彩民	335	28
潜在危害彩民	132	11
强迫型彩民	120	10
问题彩民	72	6

① D. Korn, R. Gibbins & J. Azmier, Framing public policy towards a public health paradigm for gambling [J]. *Journal of Gambling Studies*, 2003, 19(2): 235-256.

(1)休闲型彩民

这一类别共包含 539 位彩民，占总样本数的 45%，这类彩民的得分在 5 个类别中最低。根据这类彩民的答题情况可以看出在日常消费过程中从未表现出任何负面情况。本研究以这一类别彩民作为分析其他类别彩民的参考。

(2)过渡型彩民

这一类别共包含 335 位彩民，占总样本数的 28%。这一分类的中心点离第一个分类最近，但在 5 个维度的得分全部高于第一个分类的彩民，特别是在控制失调维度，平均得分为 15.76，比第一分类彩民分数高 62.3%。整体看来，这一分类彩民在消费行为上还没有表现出问题购彩的特征，但在未来需要对这一分类的彩民采取适当的措施以防止这类彩民进一步向其他类别彩民发展。

(3)潜在危害彩民

这一类别共包含 132 位彩民，占总样本数的 11%。这一分类的中心点离第二个分类最近。该分类彩民在迷信行为和追逐行为维度上比第一分类彩民的得分均高出两倍之多。而在其他 3 个维度上的得分则高于第一分类彩民 58.5%～78.9%。这一分类彩民表现出明显的迷信思想和避免错失中奖而持续消费的问题，需要对这类彩民实施适当的干预措施以减轻所表现出的博彩问题。

(4)强迫型彩民

这一类别共包含 120 位彩民，占总样本数的 10%。这一分类中心点离第三个分类最近。与第一分类彩民相比，这类彩民在控制失调和迷信行为维度得分明显较高。前一个维度得分为 24.59，高于第一分类彩民 153%；而后一个维度得分为 9.92，高于第一分类彩民 43.1%。这一分类与第五分类的距离比其他分类更近。这一分类彩民需要进行更进一步的心理干预治疗来解决相关博彩问题。

(5)问题彩民

这一类别共包含 72 位彩民，占总样本数的 6%。这类彩民表现出较为严重的控制失调、迷信行为和追逐行为。在所有 5 个维度中的得分均高于其他类别彩民。这类彩民急需要进行较强的社会和心理等多方面干预措施。各类彩民得分情况见表 5-6。

表 5-6　　各类彩民得分情况对比

	休闲型彩民	过渡型彩民	潜在危害彩民	强迫型彩民	问题彩民
迷信行为	6.93	7.95	14.15	9.92	18.57
追逐行为	5.18	5.96	10.86	7.46	14.85
号码关联	3.60	4.85	5.71	7.22	8.10
控制失调	9.71	15.76	17.21	24.59	27.21
代买行为	2.85	3.45	5.10	4.73	6.94

表 5-7 给出了各类别彩民人口特征的分布状况，彩民人口特征调查表详见附件九。男性彩民中的问题彩民比例高于女性彩民。而 41～60 岁彩民在问题彩民中的占比最高，过渡型彩民和潜在危害彩民与休闲型彩民之间的人口特征差异较大。数据显示，超过 40 岁的彩民在过渡型彩民和潜在危害彩民中的比例要高于 30～40 岁彩民，31～40 岁和 41～50 岁彩民的占比仅比其他更年轻彩民的占比高 1%～2%。在强制型彩民和问题彩民中，40 岁以上的彩民占比明显高于其他彩民；尽管 61 岁以上彩民仅占总样本的 3.48%，但问题彩民占比却高于其他类别彩民。整体来看，学历低的彩民成为问题彩民的比例要高于高学历彩民，但硕士及以上学历的彩民中问题彩民的比例也很高。此外，未婚彩民中问题彩民的比例要高于其他彩民。

表 5-7　　不同分类彩民人口特征情况（$N=1198$）

		休闲型		过渡型		潜在危害		强迫型		问题	
		N	占比（%）	N	占比（%）	N	占比（%）	N	占比（%）	N	占比（%）
性别	男性	411	44.4	263	28.4	106	11.4	92	9.9	54	5.9
	女性	128	47.1	72	26.4	26	9.6	28	10.3	18	6.6
年龄	20 岁及以下	16	45.7	10	28.6	5	14.3	3	8.6	1	2.8
	21～30 岁	159	44.7	108	30.3	37	10.4	34	9.6	18	5.1
	31～40 岁	146	45.9	94	29.6	35	11.0	28	8.8	15	4.7

续表

		休闲型		过渡型		潜在危害		强迫型		问题	
		N	占比(%)	N	占比(%)	N	占比(%)	N	占比(%)	N	占比(%)
	41～50岁	112	44.1	69	27.2	28	11.0	26	10.2	19	7.5
	51～60岁	79	47.0	42	25.0	16	9.5	20	11.9	11	6.5
	61岁及以上	32	47.8	17	25.4	8	11.9	8	11.9	2	3.0
职业	公司职工	230	48.8	133	28.2	46	9.8	43	9.1	19	4.0
	退休或无业	114	46.9	60	24.7	26	10.9	28	11.6	15	6.2
	农民(工)	87	38.1	71	30.8	33	14.3	24	10.6	14	6.1
	学生	36	49.3	17	23.4	12	16.3	2	2.6	5	6.9
	自由职业者	64	42.9	49	33.0	11	7.3	17	11.7	7	4.7
	其他	16	44.9	10	29.0	5	13.1	3	8.4	5	2.9
婚姻	已婚	375	45.6	232	28.2	86	10.5	90	11.0	39	4.7
	未婚	150	46.1	94	29.0	37	11.4	23	7.1	21	6.5
	离异或丧偶	20	39.4	14	28.3	9	16.7	6	11.1	2	3.9
教育	初中及以下	122	39.5	93	30.1	37	12.1	35	11.5	22	7.1
	高中或中专	211	45.5	129	27.8	51	11.0	50	10.8	24	5.2
	大专	103	45.6	67	29.5	26	11.3	21	9.3	9	2.9
	大学	93	56.5	42	25.2	14	8.3	10	5.9	6	3.6
	硕士及以上	17	52.1	9	28.1	4	11.5	1	3.1	2	6.1

为进一步交叉验证这一量表的评价能力，对各类别彩民的基本行为变量进行了检测，主要包括绝对购彩支出、相对购彩支出、购彩频率和时间。

从这四个变量的选择情况来看，投入越多的彩民占问题彩民的比例越大。在月支出超过80%的彩民中，27.2%的彩民为问题彩民；在每周花费500元人民币以上的彩民中，有17.7%为问题彩民；每周消费超过16次的彩民中有21.2%的彩民为问题彩民；每天在彩票上花费5个小时以上的彩民中，有25%的彩民被判定为问题彩民。

在所有分类彩民中，消费占比低于10%，休闲型彩民比例为53.0%，问题彩民的比例降低到2.07%；而当消费占比超过80%时，这一比例则从18.2%上升为27.2%。每周购买一次彩票的彩民中，问题彩民的比例从休闲型的63.2%下降为0.9%；每周购买16次以上的彩民在各分类中的占比差异不大，只有潜在危害彩民的比例相对较低，为9.6%，但强制型彩民和问题彩民的比例则会升高；所有分类彩民中，每周购买超过11次的彩民比例相差不大（见表5-8）。

表5-8　　不同分类彩民的具体消费情况（*N*＝1198）

	休闲型		过渡型		潜在危害		强迫型		问题	
	N	占比（%）	*N*	占比（%）	*N*	占比（%）	*N*	占比（%）	*N*	占比（%）
消费支出占月收入比重										
10%以下	397	53.0	225	30.0	57	7.6	55	7.3	15	2.1
10%～30%	114	38.4	85	28.6	42	14.1	38	12.8	18	6.1
31%～50%	30	26.1	27	23.5	24	20.9	18	15.7	16	13.9
51%～80%	4	14.3	4	14.3	6	21.4	5	17.9	9	32.1
80%以上	2	18.2	2	18.2	2	18.2	2	18.2	3	27.2
消费支出金额（元）										
20元以下	147	54.9	78	29.0	22	8.2	16	6.0	5	1.9
21～50	126	47.4	79	29.7	28	10.5	24	9.0	18	6.8
51～100	100	38.8	73	28.3	34	13.2	34	13.2	17	6.6
101～200	59	40.4	36	24.7	18	12.3	20	13.7	13	8.9
201～500	46	34.8	36	27.3	16	12.1	19	14.4	15	11.4
500元以上	33	25.4	33	25.4	25	19.2	16	12.1	23	17.7
每周消费次数（次）										
1	72	63.2	23	20.2	13	11.4	5	4.4	1	0.9
2～5	269	49.4	161	29.6	54	9.9	45	8.3	15	2.6

续表

	休闲型		过渡型		潜在危害		强迫型		问题	
	N	占比（%）	*N*	占比（%）	*N*	占比（%）	*N*	占比（%）	*N*	占比（%）
6～10	145	39.1	104	28.0	45	12.1	48	12.9	29	7.8
11～15	26	22.0	34	28.8	21	17.8	18	15.3	19	16.1
16 次及以上	11	21.2	16	30.8	5	9.6	9	17.3	11	21.2
每天关注彩票时间（小时）										
1 小时以下	311	54.1	169	29.4	40	7.0	44	7.7	11	1.9
1～2	139	38.2	111	30.4	55	15.1	40	11.0	19	5.2
2～3	50	31.6	38	24.1	29	18.4	24	15.2	17	10.8
3～4	15	31.9	10	21.3	6	12.8	6	12.8	10	21.3
4～5	7	29.2	5	20.8	4	16.7	4	16.7	4	16.7
5 小时以上	6	18.8	7	21.9	5	15.6	6	18.8	8	25.0

通过上述两种分类方法可以看出，彩民购彩行为评价量表在对上海市体育彩票彩民的行为特征进行测量时具有较好的适用性及可操行；通过不同的分类方法对彩民进行分类时也表现出较强的区辨能力。综合两种方法，首先是对彩民购彩行为评价量表的测量能力做了进一步评判，其次对上海市体育彩票问题彩民的比例作了大致推算，再次发现了不同分类彩民之间的人口特征差异，由此可以对潜在或当前的彩民进行有效区分和判别。从各分类彩民的比例来看，两个分类中被界定为问题彩民的比例差异不大，前者为 5.7%，后者为 6%；判别分析中正常彩民中具有轻度表现的彩民比例为 74.5%，聚类分析中休闲型彩民和过渡型彩民比例共占总样本的 73%，比例极为相近；具有中度表现的彩民比例为 19.8%，而潜在危害彩民和强迫型彩民的比例为 21%。具体见表 5-9。

表 5-9　　两种彩民分类中各类彩民占比情况(N＝1198)

<table>
<tr><th colspan="3">判别分析</th><th colspan="3">聚类分析</th></tr>
<tr><th colspan="2">彩民类型</th><th>占比</th><th>彩民类型</th><th colspan="2">占比</th></tr>
<tr><td rowspan="4">正常彩民</td><td rowspan="2">轻度表现</td><td rowspan="2">74.5%</td><td>休闲型彩民</td><td>45%</td><td rowspan="2">73%</td></tr>
<tr><td>过渡型彩民</td><td>28%</td></tr>
<tr><td rowspan="2">中度表现</td><td rowspan="2">19.8%</td><td>潜在危害彩民</td><td>11%</td><td rowspan="2">21%</td></tr>
<tr><td>强迫型彩民</td><td>10%</td></tr>
<tr><td>问题彩民</td><td>重度表现</td><td>5.7%</td><td>问题彩民</td><td colspan="2">6%</td></tr>
</table>

采用这两种方法在对彩民分类时，分别以子维度数据的相似性和总维度数据的整体倾向为出发点进行讨论。前一种分类方法是对彩民在所有维度得分进行综合评价的结果，后一种分类方法是通过对彩民在各维度的得分相似性进行的聚类。从分析原理来看，这仅仅是视角的差异而非数据的量化差异。由此可以对两种分类方法中的彩民分类进行相互对应，休闲型彩民和过渡型彩民可看作具有轻度表现的正常彩民，潜在危害彩民和强迫型彩民可看作具有中度表现的正常彩民，但需要注意这两类彩民在有的维度的得分与轻度表现彩民的得分相比差异并不明显，但在部分维度的得分已经相当高，极有可能变为问题彩民。

第六章　购彩认知对购彩行为、问题购彩的影响路径

上一章以彩民数据为基础，分别采用判别分析和聚类分析，对上海市体育彩票彩民进行了分类。通过对比发现，两种分类方法的结果较为相似，不同分类人群比例接近。这进一步说明了本研究编制的量表通过不同维度的得分可有效区分不同类别的彩民。本章将在上一章的基础上，选取合适的认知评价量表和问题购彩评价量表与彩民购彩行为评价量表的数据进行系统的对比分析，采用相关分析、对应分析和回归分析等统计方法，进一步探讨彩民购彩行为、认知及问题购彩行为之间的相互关联情况。

一、彩民认知评价量表的选择

目前，在我国可用于博彩相关认知测量的量表较少，在讨论我国彩民博彩认知现状及问题购彩流行率时能够直接用于测量的工具十分有限，相关研究领域也处于起步阶段。仅王毅和高文斌初步编制了我国彩票购买者认知偏差量表，该量表所测量的范围较窄，包含的维度较少。[①] 该量表主要适用于电脑型彩票彩民，对于其他彩种彩民的购彩行为评估有效性尚未有相关实证数据予以支撑。从文献综述研究来看，当前用于评价彩民认知的量表数量较多，但能够对中国大陆地区彩民群体进行评价且具有较好适用性的量表不足，本研究在选择量表时首先考虑该量表是否曾以中国彩民为样

---

① 参见王毅、高文斌：《彩票购买者认知偏差量表初步编制及信效度检验》，《中国临床心理学杂志》2009 年第 5 期。

本进行过测量,包括中国香港、澳门和台湾地区或者其他国家的华人社区群体。通过筛选,本研究选用博彩相关认知量表中文版(the Chinese Version of Gambling Related Cognition Scale, GRCS-C)为测量工具,对我国体育彩票彩民购彩认知情况进行评价。

博彩相关认知(Gambling Related Cognition,GRC)是指消费者在参与博彩活动时所形成的对部分博彩结构特征(中奖率、技术因素占比等)或与博彩相关的客观事件的认识,侧重表示彩民对博彩活动的负面认知。考虑到当时缺乏检测较为全面、适用性较广的彩民认知自评工具,Raylu 和 Oei 编制了由5 个维度构成的博彩相关认知量表(Gambling Related Cognition Scale,GRCS)①;随后,Oei,Lin 和 Raylu 以 GRCS 为基础编制了博彩相关认知量表中文版(the Chinese Version of the Gambling Related Cognition Scale, GRCS-C)②。基于 GRC 与问题购彩的高度关联性,GRCS-C 可通过对彩民不同认知维度的评价来检测彩民是否存在一定的博彩问题;而且该量表还可作为问题彩民临床检测依据或编制针对某一特定认知维度评价工具时的结构基础。

本书所使用的 GRCS-C 经与澳大利亚的 Raylu 和 Oei 两位教授沟通之后由其直接提供,由于 GRCS-C 量表来自西方学者的研究,为保证检验效果,需要对量表的内容进行适当修订,使之符合中国大陆居民的语言习惯。根据往返式翻译的要求,由 1 名国内彩票研究领域专家将该量表翻译为中文,再由 1 名英语专业教授将中文翻译回英文,然后经课题组讨论,对量表逐句进行修订。在这一过程中,尽量遵循仅对条目中的句式、专有名词、结构进行适当修订的原则。最后由 5 名彩票领域专家对量表进行最终修订。详见附件七。

GRCS-C 包括 5 个维度,共 23 个条目,分别为控制错觉、购彩期望、预测控制、解释偏差和无力戒赌。采用 Likert 5 级计分法(1=从不,5=总是),每个条目计分为 1～5 分,分数越高,则表示彩民购彩认知问题越严重,量表具体条目情况如表 6-1 所示。

---

① N. Raylu & T. P. S. Oei, The Gambling Related Cognitions Scale (GRCS): Development, confirmatory factor validation and psychometric properties [J]. *Addiction*, 2004,99(6): 757-769.

② T. P. S. Oei, J. Lin, & N. Raylu, Validation of the Chinese Version of the Gambling Related Cognitions Scale (GRCS-C) [J]. *Journal of Gambling Studies*, 2007,23(3): 309-322.

表 6-1　　GRCS-C 各维度及具体条目情况

维度		条目
控制错觉	V1_1	祈祷可以帮助我中奖
	V1_2	特别的数字或颜色可以增加我中奖的机会
	V1_3	特殊物品可以增加我中奖的机会
	V1_4	特殊的仪式或行为可以增加我中奖的机会
购彩期望	V2_1	购买彩票使我更快乐
	V2_2	购买彩票让生活变得更美好
	V2_3	购买彩票让未来变得更光明
	V2_4	购买彩票可以帮助我降低紧张及压力
预测控制	V3_1	当多次不中奖的时候,我坚信接下来一定会连续中奖
	V3_2	多次不中奖的经历会增加我的购彩经验
	V3_3	当我中过一次奖后,肯定会再一次中奖
	V3_4	运气好可以增加我中奖的机会
	V3_5	我可以预测自己中奖
	V3_6	一直用相同的号码购买彩票可以增加我中奖的机会
解释偏差	V4_1	我中奖与我的技巧和能力有关
	V4_2	我没有中奖与运气不好有关
	V4_3	我没有中奖与概率有关
	V4_4	想到上次中奖获得的奖金会促使我继续购买彩票
无力戒赌	V5_1	购买彩票已经成为我生活中不可缺少的一部分
	V5_2	我根本不能控制自己不去购买彩票
	V5_3	我对购买彩票的渴望非常强烈
	V5_4	我无法停止购买彩票
	V5_5	我不愿意停止购买彩票

二、彩民认知评价量表的检验

(一)项目分析

根据 GRCS-C 总分值按 27%的标准区分高分组和低分组，采用独立样本 T 检验对高低分组的被试在各条目得分进行检验，结果显示各条目区分度较好(*P* 值均小于 0.01，CR 值范围为 9.765～30.992)；采用 Pearson 相关对 GRCS-C 各条目与量表总分之间的相关性进行检验，结果显示所有条目相关系数为 0.370～0.710，在 0.01 的水平上显著相关(见表 6-2)。

表 6-2　　GRCS-C 各条目项目分析结果

条目	CR 值	与量表总分的相关系数
1	19.712	0.517**
2	24.702	0.615**
3	15.767	0.468**
4	25.147	0.660**
5	19.037	0.547**
6	24.269	0.615**
7	19.479	0.555**
8	16.826	0.485**
9	17.855	0.547**
10	15.516	0.452**
11	25.070	0.627**
12	30.992	0.710**
13	16.488	0.500**
14	24.706	0.658**
15	13.198	0.431**
16	22.253	0.597**
17	26.900	0.666**
18	18.802	0.555**
19	18.144	0.523**

续表

条目	CR 值	与量表总分的相关系数
20	24.357	0.632**
21	25.648	0.627**
22	9.765	0.526**
23	17.558	0.370**

注：** 表示在 0.01 水平(双侧)上显著相关。

（二）效度检验

1.结构效度

该过程与彩民购彩行为评价量表的结构效度检验过程相似，采用最大似然估计对 GRCS-C 的因子结构进行验证性因子分析。首先进行一阶 5 因素模型验证，模型的标准化回归系数显示，除“b3←控制错觉”“b10←解释偏差”“b23←预测控制”外，其他所有因素负荷量值均介于 0.50 至 0.95 之间，模型的适配度良好；5 个维度与 23 个测量指标的测量误差值均为正数且达到 0.05 显著水平，变异量标准误介于 0.37～0.72，不存在模型界定错误（见表 6-3）。

表 6-3　　GRCS-C 验证性因子分析的基本适配度检验

评价项目	结果
是否存在误差变异值负值	均为正数
因素载荷范围	0.304～0.765
标准误	0.37～0.720

GRCS-C 的 5 个维度之间的协方差估计值检验结果显示显著不为 0，各维度之间有显著的共变关系；各维度间除“控制错觉”与“购彩期望”、“解释偏差”和“无力戒赌”之间的相关系数未达到 0.750 外，其他维度之间的相关性均高于 0.750，达到显著水平（见表 6-4），由此可以假设彩民博彩认知的 5 个维度间可能存在一个更高阶的共同维度，且由上述检验结果可知一阶验证性因子分析模型与问卷数据适配性较好，可进行二阶验证性因子分析，并与之前检验结果进行对比，同时将结果与一阶单因素检验结果进行对比（见

表 6-5)，结果显示 3 种模型中二阶 5 因素模型与数据拟合度最好，GRCS-C 的内在假设模型与问卷数据拟合情况良好，该结论与杨裕萍等人在大学生样本中的检验结果相似。[①]

表 6-4　　　　GRCS-C 各维度间的协方差估计值与相关性

	协方差估计值	相关系数
控制错觉↔购彩期望	0.287***	0.558
控制错觉↔预测控制	0.383***	0.835
控制错觉↔解释偏差	0.451***	0.738
控制错觉↔无力戒赌	0.410***	0.547
购彩期望↔预测控制	0.330***	0.861
购彩期望↔解释偏差	0.417***	0.813
购彩期望↔无力戒赌	0.534***	0.850
预测控制↔解释偏差	0.473***	1.037
预测控制↔无力戒赌	0.488***	0.872
解释偏差↔无力戒赌	0.596***	0.798

注：*** 表示显著性概率小于 0.001。

表 6-5　　　　量表整体模型适配度检验

检验模型	χ^2	df	χ^2/df	NFI	IFI	GFI	RMSEA
一阶单因素模型	1973.568	230	8.581	0.779	0.800	0.848	0.080
一阶 5 因素模型	1312.671	220	5.967	0.853	0.875	0.907	0.064
二阶 5 因素模型	1255.696	215	5.840	0.860	0.881	0.915	0.064

2.效标关联效度

通过对认知行为疗法的多方面研究，已证实了 GRC 对问题购彩的潜在

① 参见杨裕萍、吴大兴、李涵贵、文艺：《赌博相关认知量表中文版在大学生中的信效度检验》，《神经疾病与精神卫生》2013 年第 1 期。

负面影响以及在其治疗中的重要病理学地位。[①] 王毅和高文斌表示彩民的博彩认知问题在问题彩民的形成和维持中起着重要的作用。另有研究表明，当彩民的博彩认知发生一定扭曲时，他们对于中奖的机会、技术及概率客观因素等产生持续性的高估[②]；而且病态彩民在部分博彩认知维度中的问题特别严重，特别是他们始终坚信自己将要中奖，不断加大在博彩活动中的金钱和时间投入，逐渐进入一种失控的恶性循环[③]。Michalczuk 等认为，彩民的博彩认知水平在很大程度上可以解释其问题购彩的严重程度。[④] 因此，考虑到博彩相关认知对彩民在博彩活动中产生的较大的负面影响，故选取问题购彩评价量表（Scale of Assessing Problem Gambling，SAPG）作为 GRCS-C 评价的效标量表。该量表的具体情况已在第三章进行了详细介绍。

GRCS-C 总分及其 5 个维度得分与 SAPG 总分的 Pearson 相关系数区间为 0.354～0.571，P 值均小于 0.01；GRCS-C 总分与 SAPG 的 4 个维度得分的 Pearson 相关系数区间为 0.385～0.647，P 值均小于 0.01；GRCS-C 的 5 个维度得分与 SAPG 的 4 个维度得分的 Pearson 相关系数区间为 0.192～0.580，P 值均小于 0.01（见表 6-6）。

---

① A. Coulombe, R. Ladouceur, R. Desharnais & J. Jobin, Erroneous perceptions and arousal among regular and occasional viedo poker players [J]. *Journal of Gambling Studies*, 1992, 8(3): 235-244. M. D. Griffiths, The role of cognitive bias and skill in fruit machine gambling [J]. *British Journal of Psychology*, 1994, 85(3): 351-369.

② L. Clark, Disordered gambling: The evolving concept of behavioral addiction[J]. *Annals of the New York Academy of Sciences*, 2014, 1327(1): 46-61. L. Romo, C. Legauffre, A. Guilleux, M. Valleur, D. Magalon, M. Fatseas, I. Chereau-Boudet, A. Luquiens, J. Venise, J. Group, M. Grall-Bronnec & G. Ghallet-Bouju, Cognition distortions and ADHD in pathological gambling: A national longitudinal case-control cohort study [J]. *Journal of Behavior Addiction*, 2016, 5(4): 1-9.

③ A. S. Goodie & E. E. Fortune, Measuring cognitive distortions in pathological gambling: Review and meta-analyses [J]. *Psychology of Addictive Behaviors: Journal of the Society of Psychologists in Addictive Behaviors*, 2013, 27(3): 730-743.

④ R. Michalczuk, H. Bowden-Jones, A. Verdejo-Garcia & L. Clark, Impulsivity and cognitive distortions in pathological gamblers attending the UK National problem gambling clinic: A preliminary report [J]. *Psychological Medicine*, 2011, 41(12): 2625-2635.

表 6-6　　　　　　**GRCS-C 的效标关联效度情况**

维度	SAPG 总分	不良行为和危害	期望过高	行为失控	不良情绪
控制错觉	0.493	0.404	0.452	0.406	0.407
购彩期望	0.354	0.203	0.493	0.317	0.192
预测控制	0.500	0.332	0.560	0.465	0.362
解释偏差	0.438	0.279	0.485	0.415	0.352
无力戒赌	0.497	0.347	0.580	0.468	0.258
GRCS-C 总分	0.571	0.391	0.647	0.521	0.385

3.信度检验

GRCS-C 整体 Cronbach's α 系数为 0.900，5 个维度 Cronbach's α 系数区间为 0.771～0.823；每个维度所包含的各条目之间的平均相关系数区间为 0.424～0.540，所有相关系数都具有统计学意义，P 值均小于 0.01。见表 6-7。

表 6-7　　　　　　**GRCS-C 整体信度及各维度信度情况**

维度	Cronbach's Alpha	各条目间平均相关系数
控制错觉	0.783	0.467
购彩期望	0.823	0.532
预测控制	0.771	0.424
解释偏差	0.781	0.446
无力戒赌	0.810	0.540
总量表	0.900	0.587

三、购彩认知与购彩行为的相关性

（一）购彩认知与购彩行为特征的相关性

采用 Pearson 相关分析对购彩认知与购彩行为特征的相关性进行检验，结果显示购彩认知各维度与彩民购彩行为评价量表各维度得分之间存在显著相关性，各相关系数均在 0.05 水平上显著相关，部分相关系数在 0.01 水平上相关。说明当彩民的购彩认知得分提高时，彩民在购彩行为上很可能表现出购彩问题（见表 6-8）。

表 6-8　　购彩认知与购彩行为特征相关性分析结果

	购彩行为特征					博彩相关认知				
	迷信行为	控制失调	追逐行为	代买行为	号码关联	控制错觉	购彩期望	预测控制	解释偏差	无力戒赌
迷信行为	1	—	—	—	—	—	—	—	—	—
控制失调	0.161**	1	—	—	—	—	—	—	—	—
追逐行为	0.345**	0.111**	1	—	—	—	—	—	—	—
代买行为	0.200**	0.216**	0.074**	1	—	—	—	—	—	—
号码关联	0.237**	0.127**	0.332**	0.107**	1	—	—	—	—	—
控制错觉	0.241**	0.209**	0.204**	0.215**	0.168**	1	—	—	—	—
购彩期望	0.243**	0.128**	0.395**	0.059*	0.265**	0.324**	1	—	—	—
预测控制	0.284**	0.225**	0.360**	0.159**	0.247**	0.446**	0.490**	1	—	—
解释偏差	0.328**	0.146**	0.369**	0.158**	0.316**	0.379**	0.399**	0.461**	1	—
无力戒赌	0.228**	0.246**	0.415**	0.098**	0.323**	0.336**	0.577**	0.511**	0.427**	1

注：* * 表示在 0.01 水平（双侧）上显著相关，* 表示在 0.05 水平（双侧）上显著相关。

(二)购彩认知与购彩消费特征的相关性

我们采用 Pearson 相关分析对购彩认知与购彩消费特征的相关性进行检验,结果显示,彩民购彩认知与购彩消费特征存在显著相关性,各相关系数均在 0.05 水平上显著相关,部分相关系数在 0.01 水平上相关。预测控制和解释偏差两个维度与彩民每周购彩次数在 0.01 水平上显著相关;彩民的每周购彩金额、每天时间花费及月收入占比 3 个变量与博彩相关认知全部五个维度均显著相关,除与控制错觉在 0.05 水平上相关之外,与其他 4 个维度的相关均在 0.01 水平上;整体相关系数区间为 0.001～0.3。说明当彩民的购彩认知得分提高时,彩民在购彩消费特征上很可能表现出向各风险阈值发展的趋势(见表 6-9)。

表 6-9　　购彩认知与基本消费行为相关性分析结果

	控制错觉	购彩期望	预测控制	解释偏差	无力戒赌	次数	金额	时间	占比
控制错觉	1								
购彩期望	0.400**	1							
预测控制	0.589**	0.615**	1						
解释偏差	0.492**	0.505**	0.647**	1					
无力戒赌	0.423**	0.663**	0.640**	0.522**	1				
次数	0.188**	0.049	0.128**	0.181**	0.065*	1			
金额	0.164**	0.216**	0.262**	0.300**	0.279**	0.313**	1		
时间	0.166**	0.187**	0.233**	0.190**	0.227**	0.184**	0.470**	1	
占比	0.207**	0.172**	0.266**	0.211**	0.281**	0.209**	0.480**	0.564**	1

注:* * 表示在 0.01 水平(双侧)上显著相关,* 表示在 0.05 水平(双侧)上显著相关。

四、购彩认知对购彩行为特征的影响

(一)基于对应分析的关联模式

在相关性分析的基础上,为了在数据分析结果上表现出更好的直观性和可解释性,发现购彩认知与购彩行为各维度的关联情况,采用基于最优尺度变换的多重对应分析,根据两者的具体分布情况判断彩民在购彩认知得分发生变化时其购彩行为特征如何演变。

图 6-1 为系统生成的多重对应分析图，在根据分析图对彩民购彩认知和行为数据进行分析时应注意：落在由原点(0,0)出发接近相同方位及图形相同区域的同一变量的不同类别具有类似的性质，落在原点出发接近相同方位及图形相同区域的不同变量的类别间可能有联系。基于第四章对彩民不同类别的对应归纳，本研究初步以购彩认知量表的得分情况将彩民在认知上的表现分为轻度、中度和重度三个类别，并结合对应分析的上述两条原则，我们从图 6-1 中可以看出：当彩民购彩行为为中度表现时，其购彩认知也为中度表现，且根据认知中度表现和重度表现的散点位置可以发现，此时彩民的购彩行为有进一步向重度表现发展的趋势。当彩民在控制失调行为为重度表现时，彩民的认知情况已经较为严重，全部为重度表现，由此可以判断，当彩民在控制失调维度表现较为严重时，彩民的购彩问题已经处于较为严重的状态。

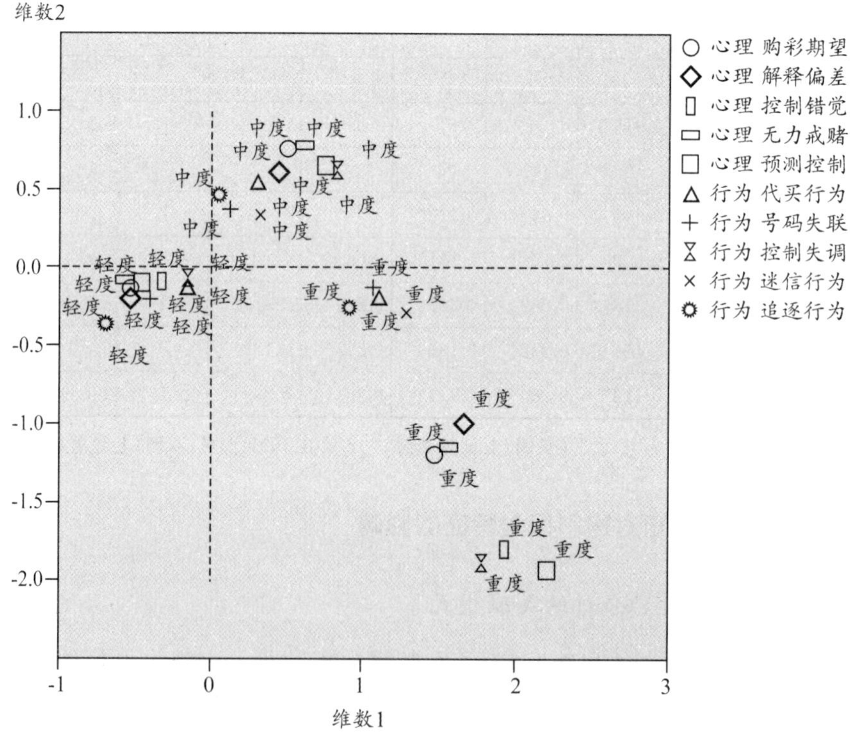

图 6-1　多重对应分析图(购彩认知和购彩行为特征)

(二)基于回归分析的影响模式

经过对应分析发现,彩民在控制失调行为为重度表现时,彩民的认知情况已非常严重,此时彩民的其他购彩行为向重度表现发展的趋势非常明显或已经在一定程度上为重度表现。因此,在这一基础上,采用回归分析,通过构建购彩认知各维度对购彩行为各维度的回归关系模型,了解对彩民控制失调行为影响较为突出的认知维度情况。

1.购彩认知对控制失调的影响

根据回归系数表结果显示,购彩认知各维度与控制失调的关系如公式1所示:

$$\hat{y}_1 = 4.197 + 0.285x_1 - 0.052x_2 - 0.024x_3 + 0.094x_4 + 0.16x_5 \quad 公式(1)$$

具体分析见表6-10。

表 6-10　　博彩相关认知与控制失调回归分析

模型 2		非标准化系数	标准系数	T	P
常量		4.197		4.106	0.000
控制错觉		0.285	0.312	17.199	0.000
购彩期望		−0.052	−0.059	−2.628	0.009
预测控制		−0.024	−0.025	−1.103	0.270
解释偏差		0.094	0.097	4.816	0.000
无力戒赌		0.160	0.242	11.094	0.000
$R=0.479, R^2=0.229$					
ANOVA	$F=199.686, P<0.001$				

方差分析结果显示,$P<0.001$($F=199.686$),说明至少一个认知维度的回归系数不为0,该回归模型有统计学意义。在此基础上,对各认知维度与控制失调的线性关系进行检验发现,除预测控制维度外,该模型中其他维度P值均小于0.05(按$\alpha=0.05$水平)。从模型的复相关系数来看,$R=0.479>0.4$,该模型情况较好。根据标准化偏回归系数对各认知维度对控制失调的影响贡献大小进行比较发现,控制错觉和无力戒赌两个维度对彩民的控制失调影响较大。

为了后续讨论，本研究继续采用回归分析探讨购彩认知对其他行为维度的影响情况。

2.购彩认知对迷信行为的影响

根据回归系数表结果显示，购彩认知各维度与迷信行为的关系如公式2所示：

$$\hat{y}_1 = -5.839 + 0.248x_1 + 0.039x_2 + 0.227x_3 + 0.153x_4 - 0.026x_5 \quad \text{公式(2)}$$

具体分析见表6-11。

表6-11　　购彩认知与迷信行为关系的回归分析

模型1		非标准化系数	标准系数	T	P
常量		−5.839		−6.097	0.000
控制错觉		0.248	0.273	15.979	0.000
购彩期望		0.039	0.044	2.083	0.037
预测控制		0.227	0.243	11.320	0.000
解释偏差		0.153	0.158	8.355	0.000
无力戒赌		−0.026	−0.040	−1.959	0.050
$R=0.562, R^2=0.316$					
ANOVA	$F=309.957, P<0.001$				

为判断该模型是否具有统计学意义，需要对模型作进一步检验，采用方差分析的基本思想进行判断，相应假设为：H0：β1＝β2＝…＝βp＝0（H1：各β不全等于0）。对模型整体所做的方差分析结果显示，$P<0.001$（$F=309.957$），说明至少一个购彩心理维度的回归系数不为0，该回归模型有统计学意义。在此基础上，需要进一步检验购彩认知各维度与迷信行为之间是否存在线性关系，如表6-8所示，除无力戒赌维度外，该模型中其他维度P值均小于0.05（按$\alpha=0.05$水平）。从模型的复相关系数来看，$R=0.562>0.4$，该模型情况较好。

根据标准化偏回归系数对各认知维度对迷信行为的影响贡献大小进行比较，同时还可以减少在拟合回归模型计算求解时的截断误差，从而提高模型的拟合精度，控制错觉和预测控制两个维度对彩民产生迷信行为的影响较大。

3.购彩认知对追逐行为的影响

根据回归系数表结果显示，购彩认知各维度与追逐行为的关系如公式3所示：

$$\hat{y}_1 = -6.96 - 0.059x_1 + 0.129x_2 + 0.259x_3 + 0.07x_4 + 0.05x_5 \quad 公式(3)$$

具体分析见表6-12。

表 6-12　　购彩认知与追逐行为回归分析结果

模型 3		非标准化系数	标准系数	T	P
常量		−6.960		−8.132	0.000
控制错觉		−0.059	−0.075	−4.254	0.000
购彩期望		0.129	0.166	7.708	0.000
预测控制		0.259	0.318	14.418	0.000
解释偏差		0.070	0.083	4.281	0.000
无力戒赌		0.050	0.088	4.166	0.000
$R=0.526, R^2=0.277$					
ANOVA	$F=256.599, P<0.001$				

方差分析结果显示，$P<0.001$($F=256.599$)，说明至少一个购彩认知维度的回归系数不为0，该回归模型有统计学意义。在此基础上，对各认知维度与追逐行为的线性关系进行检验发现，该模型中所有认知维度P值均小于0.05(按$\alpha=0.05$水平)。从模型的复相关系数来看，$R=0.526>0.4$，该模型情况较好。根据标准化偏回归系数对各认知维度对追逐行为的影响贡献大小进行比较发现，预测控制维度对彩民的追逐行为影响明显高于其他4个维度的影响。

4.购彩认知对代买行为的影响

根据回归系数表结果显示，购彩认知各维度与代买行为的关系如公式4所示：

$$\hat{y}_1 = 0.712 + 0.271x_1 - 0.032x_2 + 0.052x_3 + 0.134x_4 - 0.33x_5 \quad 公式(4)$$

具体分析见表6-13。

表 6-13　　购彩认知与代买行为回归分析

模型 4		非标准化系数	标准系数	T	P
常量		0.712		0.895	0.371
控制错觉		0.271	0.381	20.983	0.000
购彩期望		−0.032	−0.046	−2.078	0.038
预测控制		0.052	0.072	3.147	0.002
解释偏差		0.134	0.177	8.831	0.000
无力戒赌		−0.033	−0.064	−2.938	0.003
$R=0.481, R^2=0.231$					
ANOVA	$F=201.649, P<0.001$				

方差分析结果显示，$P<0.001$（$F=201.649$），说明至少一个购彩认知维度的回归系数不为 0，该回归模型有统计学意义。在此基础上，对各认知维度与代买行为的线性关系进行检验发现，该模型中所有认知维度 P 值均小于 0.05（按 $\alpha=0.05$ 水平）。从模型的复相关系数来看，$R=0.481>0.4$，该模型情况较好。根据标准化偏回归系数对各认知维度对代买行为的影响贡献大小进行比较发现，控制错觉维度对彩民的代买行为影响明显高于其他4 个维度的影响，其次是解释偏差对这一行为的影响也较高。

5.购彩认知对号码关联的影响

根据回归系数表结果显示，购彩认知各维度与号码关联的关系如公式 5 所示：

$$\hat{y}_1=-2.162+0.031x_1+0.066x_2+0.094x_3+0.104x_4+0.025x_5$$

公式(5)

具体分析见表 6-14。

表 6-14　　购彩认知与号码关联回归分析

模型 5	非标准化系数	标准系数	T	P
常量	−2.162		−3.523	0.000
控制错觉	0.031	0.056	3.081	0.002
购彩期望	0.066	0.122	5.468	0.000

续表

模型 5		非标准化系数	标准系数	T	P
预测控制		0.094	0.167	7.310	0.000
解释偏差		0.104	0.178	8.828	0.000
无力戒赌		0.025	0.064	2.924	0.003
$R=0.476, R^2=0.227$					
ANOVA	$F=197.071, P<0.001$				

方差分析结果显示，$P<0.001$($F=201.649$)，说明至少一个购彩认知维度的回归系数不为 0，该回归模型有统计学意义。在此基础上，对各认知维度与号码关联的线性关系进行检验发现，该模型中所有认知维度 P 值均小于 0.05(按 $\alpha=0.05$ 水平)。从模型的复相关系数来看，$R=0.476>0.4$，该模型情况较好。根据标准化偏回归系数对各认知维度对号码关联的影响贡献大小进行比较发现，购彩期望、预测控制和解释偏差 3 个维度对彩民的号码关联行为影响较高，其中解释偏差的影响程度最高。

五、购彩认知对购彩消费特征的影响

(一)基于对应分析的关联模式

采用基于最优尺度变换的多重对应分析，根据两者的具体分布情况判断彩民在购彩认知得分发生变化时其购彩消费特征如何演变。图 6-2 为系统生成的多重对应分析图，我们从图中可以看出：

1.重度表现彩民

重度表现彩民研究彩票的时间在 5 小时以上，消费占月收入比重在 80%以上的较为明显，每周购买次数 16 次以上以及消费在 500 元以上两种行为对于彩民是否为重度表现关系并不非常密切，这可能是因为部分彩民购买次数较多，但每个月整体消费并不是很高，或者消费在 500 元以上的彩民本身收入就比较高，与其是否存在博彩认知问题之间并没有较强的联系。

2.中度表现彩民

中度表现彩民消费在 101～200 元，花费的时间在 2～3 小时，消费频率为 6～10 次；需要特别注意的是，在分析图右下区域内，原点和重度表现连接线附近，控制错觉的中度表现与之距离较近，也就是说在控制错觉维度表现中度的彩民与其他变量中表现出中度的彩民更容易向重度表现彩民发展，在彩民的教育、帮扶及干预等相关政策及措施的制定方面应特别注意这部分彩民的情况。

3.轻度表现彩民

轻度表现彩民消费在 20～100 元，时间在 2 小时以下，消费频率较低（1～5 次），消费占月收入比重在 10%以下。

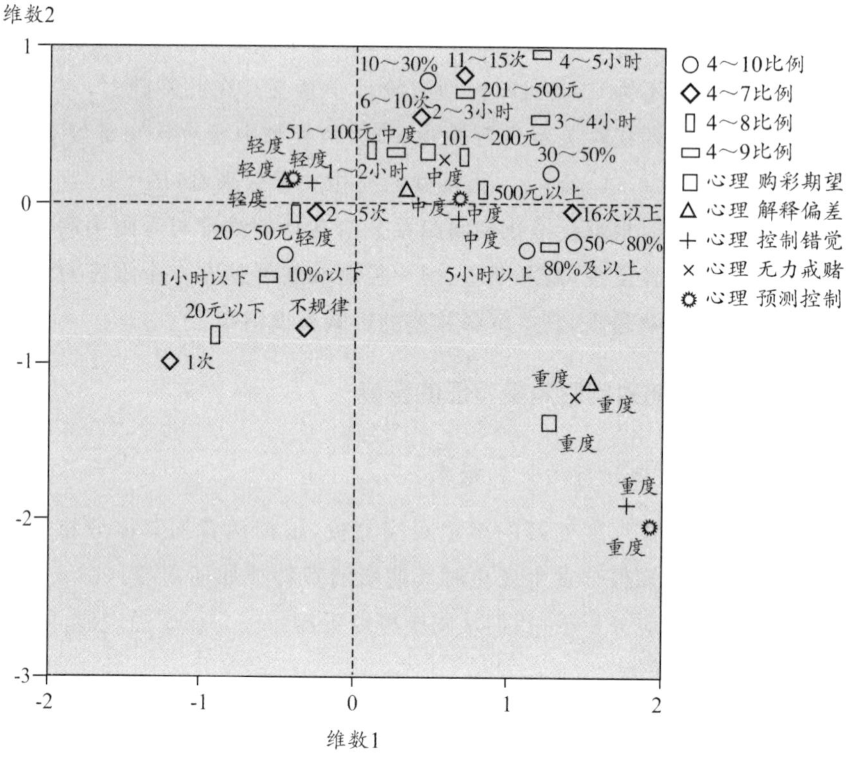

图 6-2　多重对应分析图（购彩认知和购彩消费特征）

（二）基于回归分析的影响模式

1.彩民购彩消费风险阈值的确定

在刘炼等人的研究中发现，彩民购彩支出占月收入比重、月购彩金额、月购彩次数和购彩前研究时间的低风险购彩阈值分别为 5%、100 元、15 次和 20 分钟，根据这一标准可以判断彩民的购彩行为是否存在危害。① 李海等表示，问题彩民在购彩行为上主要表现为占月收入比重超过 10%，每周消费次数超过 15 次，研究时间在彩民是否存在购彩问题上差异并不突出，但有超过 50%的问题彩民对于彩票的研究时间每天都在 1～2 小时及以上。② Hing 等研究发现，彩民的购彩问题程度与其消费金额之间存在一定的联系，在所认定的较为严重的问题彩民中，每周消费超过 100 元的彩民接近 40%。③

根据以上研究结果可以看出，当彩民消费超过 100 元、花费时间超过 2 小时以及消费频率大于 5 次时，彩民为中度表现，即已经存在部分购彩问题，若不加以干预，则有向问题购彩发展的趋势。从图 6-2 中可以看出，中度表现和重度表现散点区间，彩民每天用于研究彩票的时间和消费频率与彩民向重度表现发展的影响并不突出，而月收入占比和每周消费金额的影响则较为明显，这可能是由于这部分彩民的闲散时间较多，多表现出孤独、无聊等状态，希望通过购彩或研究相关信息消磨时间；只有当花费时间相对较高(2 小时以上)，每周消费超过 100 元，且消费占月收入比重超过 30%时，彩民的购彩行为有较为明显地向问题购彩演变的趋势。

综合考虑前人研究的结论以及上述分析结果，本研究将彩民购彩消费风险阈值分别设定为：占月收入比重为 30%、每周购彩金额为 100 元、每周购彩次数为 15 次、每天研究时间为 2 小时。

2.分析结果

采用回归分析，以彩民在购彩认知各维度得分作为自变量，彩民消费的风险阈值为因变量，分析彩民购彩认知对购彩消费特征的影响情况，结果显示：

①不同认知维度得分对彩民每天研究彩票时间没有显著影响。

②彩民在解释偏差维度得分提升一个单位，每周消费金额超过 100 元的

---

① 参见刘炼、王斌、黄显涛、李改、胡月：《体育彩民低风险购彩行为阈限与危害的剂量—反应关系研究》，《天津体育学院学报》2015 年第 5 期。

② 参见李海：《中国体育彩票问题彩民研究》，上海体育学院上海体育彩票研究中心，2009 年。

③ N. Hing, H. Breen, A. Gordon & A. Russell, Gambling among indigenous men and problem gambling risk factors: An Australian study [J]. *International Journal of Mental Health and Addiction*, 2014, 12(4): 491-508.

概率提升 12.4%。

③彩民在控制错觉和无力戒赌两个维度得分提升一个单位，彩民购彩消费占月收入比重超过 30%的概率分别为增加 6.3%和 6.8%。

④彩民在控制错觉和解释偏差两个维度得分提升一个单位，每周消费次数提升到 15 次以上的概率会分别增加 12%和 11.2%，而无力戒赌维度得分提升一个单位，彩民每周消费次数会有所降低(见表 6-15)。

表 6-15　　购彩认知对购彩消费特征的影响

	B	SE B	e^B	P
每周消费金额				
解释偏差	−0.132	0.030	0.876	0.000
消费占月收入比重				
控制错觉	−0.065	0.025	0.937	0.009
无力戒赌	−0.070	0.020	0.932	0.000
每周消费次数				
控制错觉	−0.128	0.035	0.880	0.000
解释偏差	−0.119	0.037	0.888	0.001
无力戒赌	0.095	0.029	1.100	0.001

六、购彩认知对问题购彩的影响

通过本章前 5 部分的讨论，系统分析了彩民购彩认知与购彩行为(购彩行为特征和购彩消费特征)的关联和影响模式，根据第四章给出的彩民分类，进一步分析了不同类别彩民在具体消费时的差异性。在此基础上，本研究进一步讨论彩民购彩认知对问题购彩的影响情况，通过对认知得分的变化分析彩民在不同类别中的具体发展趋势，结合彩民购彩认知对彩民购彩消费特征的影响情况，判断购彩认知对问题购彩的预测能力。通过这一部分的研究，主要了解在购彩认知的影响下，彩民在问题购彩评价量表的得分如何变化以及彩民在问题和正常彩民分类中的发展趋势。

(一)购彩认知与问题购彩的相关性

本章第 2 部分已经对购彩认知和问题购彩的相关性进行了分析,结果显示,彩民在 GRCS-C 和 SAPG 两个量表中的得分存在显著相关性,而且两个量表的子维度之间也存在显著相关性,说明彩民的购彩认知与问题购彩行为之间存在一定的联系,当彩民的购彩认知出现问题时,彩民在其购彩行为上很可能表现出一定问题。

(二)购彩认知对问题购彩得分的影响

在相关性分析的基础上,本研究进一步分析彩民在购彩认知的总分以及各维度的得分是否能有效对彩民的问题购彩程度进行较好的预测。从前人研究来看,不同性别彩民在购彩认知偏差上存在一定区别,而在具体行为表现上也有着较大差异,特别是在玩法偏好、消费方式等方面[①];同时,还有部分研究发现青少年彩民与中年以及老年彩民在消费渠道、花费时间方面存在较大差异,例如青少年多以网络博彩消费为主,随着年龄增长,彩民多喜欢进入赌场等实体店面进行消费[②]。

因此,把彩民的年龄和性别作为控制变量,彩民在 SAPG 上的得分为因变量,彩民在购彩认知各维度上的得分作为自变量进行多元线性回归分析。结果显示,彩民年龄在 SAPG 的得分上具有显著差异($P=0.026<0.05$),而性别差异不显著($P=0.199$);复相关系数 $R=0.607$($R>0.4$ 显示模型较好,$P<0.001$),所设定的预测变量对 SAPG 总得分差异解释达到 36.8%(决定系数 $R^2=0.368$);GRCS-C 各维度对 SAPG 总得分的预测情况较好,表明彩民在购彩认知上的得分越高,彩民在 SAPG 上的得分越高的可能性非常高。

---

① H. Breen, H. Hing & A. Gordon, Indigenous gambling motivations, behavior and consequences in Northern New South Wales, Australia [J]. *International Journal of Mental Health and Addiction*, 2011, 9(6): 723-739. T. Nagel, R. Hinton, V. Thompson & N. Spencer, Yarning about gambling in indigenous communities: An aboriginal and islander mental health initiative [J]. *Australian Journal of Social Issues*, 2011, 46(4): 371-388.

② M. Stevens & R. Bailie, Gambling, housing conditions, community contexts and child health in remote indigenous communities in the Northern Territory, Australia [J]. *BMC Public Health*, 2012, 12(1): 377. H. Breen, N. Hing, A. *Gordon & L. Holdsworth*, *Indigenous Australians and their gambling help-seeking behavior* [C]. New York: Nova Science Publishers Inc, 2013. R. Volberg & M. Wray, Legal gambling and problem gambling as mechanisms of social domination? Some considerations for future research [J]. *American Behavioral Science*, 2007, 51(1): 56-85.

表 6-16　　购彩认知得分对问题购彩得分的影响

因变量	自变量	B	Beta	T	P
SAPG 得分	年龄	−1.666	−0.052	−2.228	0.026*
	性别	−0.309	−0.030	−1.285	0.199
	控制错觉	1.078	0.270	9.260	0.000***
	购彩期望	−0.317	−0.087	−2.656	0.008**
	预测控制	0.400	0.136	3.636	0.000***
	解释偏差	0.408	0.104	3.323	0.001**
	无力戒赌	0.788	0.299	8.806	0.000***
$R=0.607^{***}$，$R^2=0.368$，矫正 $R^2=0.364$，$F=99.016$					

注：* 表示 $P<0.05$，** 表示 $P<0.01$，*** 表示 $P<0.001$。

（三）购彩认知对问题购彩的影响

采用回归分析，以彩民在购彩认知各维度得分作为自变量，彩民是否为问题彩民作为因变量，分析彩民购彩认知对问题购彩的影响情况，结果显示：

控制错觉（$B=-0.069$，$P=0.185$）、购彩期望（$B=0.073$，$P=0.205$）和预测控制（$B=-0.09$，$P=0.088$）三个维度对问题购彩行为影响不显著。

解释偏差（$B=-0.159$，$P=0.008$）和无力戒赌（$B=-0.182$，$P=0.000$）对问题购彩行为影响显著。根据优势比，彩民在解释偏差维度得分提升一个单位，彩民演变为问题彩民的概率增加 14.7%，彩民在无力戒赌维度得分提升一个单位，彩民演变为问题彩民的概率增加 16.7%（见表 6-17）。

表 6-17　　购彩认知对问题购彩的影响

GRCS-C 维度	B	SE B	e^B	P
控制错觉	−0.069	0.052	0.933	0.185
购彩期望	0.073	0.058	1.076	0.205
预测控制	−0.090	0.053	0.914	0.088
解释偏差	−0.159	0.060	0.853	0.008
无力戒赌	−0.182	0.044	0.833	0.000

第七章　购彩行为、购彩认知和问题购彩交互模型的确立与理论分析

通过第六章对彩民购彩行为、认知及问题购彩的分析，发现了购彩认知各维度与购彩行为不同维度、问题购彩不同维度以及不同具体消费行为之间的关联情况及预测影响程度。根据上述分析基础，本章确立了彩民购彩行为、购彩认知和问题购彩的交互影响模型，主要表现出彩民首先通过对购彩的认知，通过不同认知维度的影响，表现出在行为特征及具体消费上的群体特异性，在这一过程中要考虑情境因素在其中所起到的作用，彩民以"问题购彩"的最终表现作为反馈和初始的博彩认知进行对应。根据这一模型给出的交互方式，本章进一步对影响彩民购彩行为的主要因素进行了较为全面的分析讨论。

一、模型的确立

不同的购彩认知维度对购彩行为特征的影响互不相同。本研究首先通过多重对应分析发现，当彩民购彩行为的控制失调维度表现为重度时，彩民的认知评价得分已经处于较高的水平，从散点图可以看出，购彩认知的 5 个维度全部表现为重度。由此可以推断，当彩民的控制失调行为维度得分较高时，彩民存在向问题彩民发展的趋势。在对彩民进行分类时也可以发现，当彩民从休闲型彩民变为过渡型彩民时，其得分变动最为明显的也是控制失调维度，得分增长了 62.3%，因此有理由推断，在连续统一体的框架下，当彩民的控制失调维度得分升高时，彩民的购彩行为的程度（例如在购彩频

率、消费金额、研究时间等）开始向程度相对更高的水平发展。

在购彩认知与购彩消费特征的对应分析中发现，中度表现彩民的消费特征主要包括：每周消费在101～200元，每天花费的时间在2～3小时，每周消费频率为6～10次。而当控制错觉维度为中度表现时，其消费特征已经表现为：每周消费超过500元，每天花费时间在5小时以上，每周消费频率超过16次，且购彩金额占月收入比重超过50%。也就是说，在控制错觉维度表现中度的彩民与其他变量中表现出中度的彩民更容易向重度表现彩民发展。根据本研究对彩民购彩消费的风险阈值设定与控制错觉中度表现的消费特征对比可以看出，这一类中度表现的彩民在消费时已经进入风险区域。同时，彩民在控制错觉和无力戒赌两个维度的得分提升一个单位时，彩民购彩金额占月收入比重超过风险阈值的概率分别增加6.3%和6.8%。由此可以判断，彩民购彩金额占月收入比重是判断彩民是否有向问题彩民发展趋势的重要参考指标，彩民的这一消费特征与控制失调维度之间存在密切联系。

从回归分析结果可以看出，对于彩民控制失调行为影响最为突出的是控制错觉和无力戒赌两个维度，且控制错觉的影响程度要高于无力戒赌，但无力戒赌对彩民购彩行为的影响也仅表现在对彩民这一行为特征上，对其他购彩行为的影响并不显著；而从控制错觉对其他购彩行为特征的影响情况来看，彩民的迷信行为和代买行为也受到这一认知维度的影响，且影响程度明显高于其他认知维度所造成的影响。在对彩民购彩行为评价量表（预试）的效度检验中，通过标准化路径图的维度间系数也可以看出，控制失调、迷信行为和代买行为之间的相互影响关系。因此，迷信行为和代买行为与彩民消费特征之间的关联情况也能够在一定程度上对控制失调行为特征产生正向作用。考虑到预测控制和解释偏差两个认知维度分别对迷信行为和代买行为有着显著影响，而从预测控制的预测能力来看，对于彩民风险消费阈值和是否会变为问题彩民的影响程度并不大，因此在模型构建中可以考虑解释偏差维度的影响。从数据分析结果可以看出，解释偏差对于彩民每周消费金额和频率的影响都较为显著，且在对彩民是否会向问题彩民发展上影响也较为突出，仅次于无力戒赌维度所产生的影响。

综上论述，结合本研究在编制彩民购彩行为评价量表时所采用的理论依据形成了购彩行为、购彩认知和问题购彩的交互模型（见图7-1）。

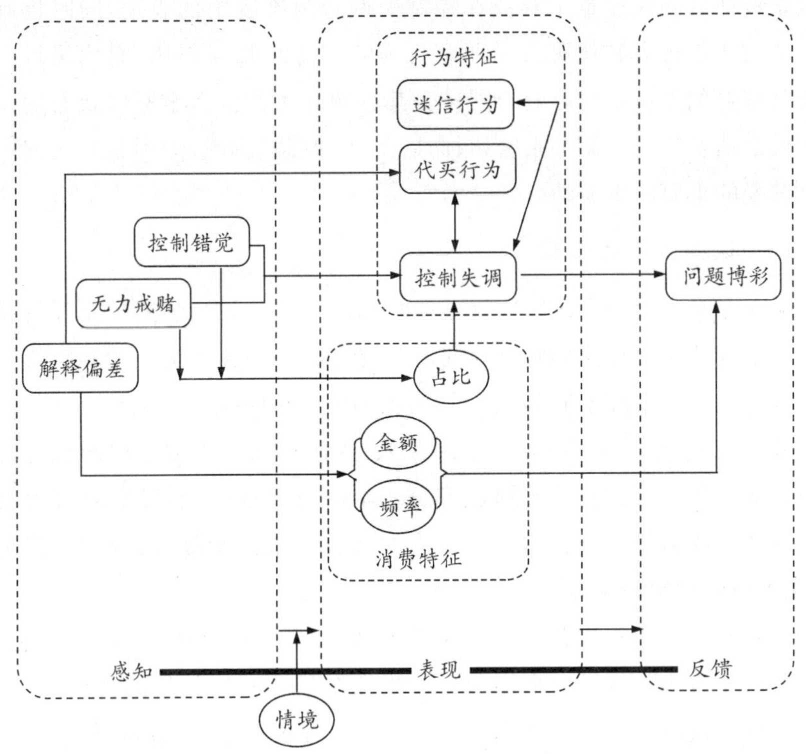

图 7-1　购彩行为、购彩认知和问题购彩的交互模型

二、讨论与分析

通过购彩行为、购彩认知和问题购彩交互模型图，可以清晰地看出彩民产生问题购彩的主要影响因素大致可以分为认知因素、行为特征因素和消费特征因素。彩民的购彩认知通过对具体行为特征和具体消费特征的影响在彩民消费博彩游戏时得以表征，随着彩民不当消费行为的加剧使得彩民行为逐渐向问题购彩演变，通过问题购彩行为对初始自我感知和环境感知进行反馈。

从本研究的数据分析结果来看，控制失调行为是整个交互模型中的核心要素。沿着交互模型的发展脉络，向前追溯，该行为特征由控制错觉和无力戒赌两个认知维度的直接共同作用产生并逐渐发展；横向比对，受到控制错觉和无力戒赌的显著影响，彩民每月购彩金额占月收入比重逐渐提升，这一消费特征从侧面加重了彩民在控制失调行为维度中的表现，同时控制失调行为与迷信行为和代买行为两个行为特征持续相互作用，而代买行为由于受到解释偏差认知的影响与同样受其影响的每周消费金额以及每周购彩频率两个消费特征之间关系密切；向后发展，控制失调行为则是彩民向问题彩民演变的重要内生驱动。

（一）认知因素的影响

前人在对不同购彩认知进行分类时，对于控制幻觉、预测控制和解释偏差三个维度的认定在博彩研究领域相对较为统一①；而无力戒赌和购彩期望两个维度的设定来源于其他成瘾行为的研究，例如酒精、毒品、医疗药品等研究领域②，而随着相关研究的不断深入，这两种认知维度也逐渐成为讨论彩民认知及博彩行为的重要组成部分。本研究发现，与彩民购彩行为关系密切并会导致彩民产生问题购彩行为的共有三个认知维度，分别为控制错觉、无力戒赌和解释偏差。

控制错觉是指彩民认为自己对投注结果有效控制的能力，主要包括：①强调依靠某些迷信行为来影响自己投注结果与开奖结果的契合，例如携带某些幸运物品、选取幸运数字等。Toneato 等表示彩民的这种认知经过一段时期会形成较为稳定的心理状态，且很难波动或使其产生变化。③ ②对运气的错误理解，认为自己可以进行某种程度的运气转嫁，把自己在生活中其他活动中的好运带到购买彩票这一行为之中或是把其他人的好运转嫁给自己，由此影响自己的投注结果。③始终坚信通过上述行为可以提升自己的中奖概率或降低其他人的中奖概率等。Langer 认为，博彩中的迷信思想是

---

① N. Raylu & T. P. S. Oei, The Gambling Related Cognitions Scale (GRCS): Development, confirmatory factor validation and psychometric properties [J]. *Addiction*, 2004, 99(6): 757-769. T. Toneatto, T. Blitz-Miller, K. Galderwood, R. Dragonetti & A. Tsanos, Cognitive distortions in heavy gambling [J]. *Journal of Gambling Studies*, 1997, 13(3): 253-266.

② A. T. Beck, F. D. Wright, C. F. Newman & B. S. Liese, *Cognitive therapy of substance abuse* [M]. New York: Guilford Press, 1993. A. R. Baldwin, T. P. S. Oei & R. Young, To drink or not to drink: The differential role of alcohol expectancies and drinking refusal self-efficacy in quantity and frequency of alcohol consumption [J]. *Cognitive Therapy and Research*, 1993, 17(6): 511-530.

③ T. Toneatto, Cognitive psychopathology of problem gambling [J]. *Substance Use and Misuse*, 1999, 34(11): 1593-1604.

导致产生控制错觉的重要影响因素之一。[①] 而本研究中迷信行为维度中的条目选取也是以此为依据进行搜集的。作为不理性行为的一种表现方式，迷信行为在影响彩民健康购彩方面作用特别明显。[②] Marina 发现，女性在参与博彩活动时表现出的迷信思想或付之于行动的迷信行为比例普遍高于男性[③]，这与本研究的结果基本一致；但从彩民的整体来看，迷信行为的普遍性也令人担忧[④]，从本研究的交互模型图可以看出迷信行为通过与彩民控制失调的相互影响，对于彩民问题购彩行为的产生起着一定作用。有研究表明，很多彩民都把一些幸运的事物与客观事件联系在一起，并坚信两者之间存在某种联系[⑤]，在一定程度上这种想法也会延续到追逐行为和号码关联上，例如有的彩民始终相信持续一段时间不中奖后肯定会中奖，也有的彩民表示某些号码或者选择号码的方式对自己中大奖很有帮助，等等。Bersabe 和 Arias 也表示，迷信行为的发展不仅仅是因为个体的因素，彩民的家人、朋友等社会网络因素对彩民在迷信行为上的出现与演变也起到了重要的作用。[⑥] 从对各维度的描述来看，迷信行为与控制错觉的第一个子分类基本契合；在代买行为的具体条目中，我们主要考察了彩民对于希望通过运气或其他因素来提升自己的中奖概率，与控制错觉的第二、三个子分类的描述较为相似，符合模型中表现的心理特征与行为特征的相互关系；而且，控制错觉对彩民产生控制失调行为有着重要的影响，在控制失调行为维度中，我们认为彩民主要会产生过度消费、借钱等不健康的购彩行为，例如，超出承受能力

---

① E. J. Langer, & J. Roth, Heads I win, tails it's chance: The illusion of control as a function of the sequence of outcomes in a purely chance task [J]. *Journal of Personality & Social Psychology*, 1975, 32(6): 951-955.

② K. R. Foster & H. Kokko, The evolution of superstitious and superstition-like behavior [J]. *Proceedings of the Royal Society B: Biological Sciences*, 2009, 276(1654): 31.

③ D. A. Marina, "I feel like I'm going to win": Superstition in gambling [J]. *Qualitative Sociology Review*, 2014, 10(2): 81-101.

④ M. J. A. Wohl & M. E. Enzle, The deployment of personal luck: Sympathetic magic and illusory control in games of pure chance [J]. *Personality & Social Psychology Bulletin*, 2002, 28(10): 1388-1397.

⑤ M. J. A. Wohl, M. J. Stewart & M. M. Young, Personal Luck Usage Scale (PLUS): Psychometric validation of a measure of gambling-related belief in luck as a personal possession [J]. *International Gambling Studies*, 2011, 11(1): 7-21.

⑥ R. Bersabe & R. M. Arias, Superstition in gambling [J]. *Psychology in Spain*, 2000, 4(1): 28-34.

和资金限额等。在控制错觉维度当中,根据前人研究结论和本研究的结果可以看出,第一种分类表现形式占大多数,且上海市体育彩票彩民对于自己控制错觉情况的评价相对来说依旧有些保守,这可能与根植于中国大陆的文化和传统有一定关联,人们往往不愿因对自己作出较为负面的评价,尽管是匿名的调查,彩民在填写问卷时也总是趋向于尽量向好的方向进行自我评价。

但也学者的研究结论与本研究存在差异,例如有学者认为控制错觉在解释问题购彩行为的严重程度方面所起到的作用并不是非常突出,但可以解释不同玩法偏好彩民表现出的认知偏差的具体差异①,而存在认知偏差问题的彩民并非都会在控制错觉维度上表现突出,而仅在偏好乐透型或数字型彩票的彩民身上表现较为明显。②

解释偏差是指彩民对开奖结果以及自己投注结果的自我重新界定,把输赢的结果归结于某种技术或运气好坏,多关注自己的中奖经历而忽略输钱的经历,通过这种自我分析以达到不断参与博彩活动的目的,随着时间推移,彩民的这种错误认知会导致出现潜在或严重的问题购彩行为。从回归分析可以看出,彩民的解释偏差主要对代买行为和号码关联两个行为特征维度产生影响。这两种行为特征在具体条目上表现为让运气好、不太了解彩票以及特别有经验的彩民来为自己挑选号码或投注以及强调通过自身经验而总结出的投注技巧,例如冷热号或分析号码走势等。从对这一认知维度的介绍来看,其所影响的两个行为特征维度的条目内容也基本与之契合,即彩民把自己或其他人群的运气、经验和技巧转嫁到自己投注的结果上面。解释偏差这一认知维度对彩民的购彩行为影响主要体现在彩民的选择号码方式上,而对彩民如何进行投注的影响并不是很大,在模型 4 中可以看出,控制错觉是对代买行为起到主要影响作用的认知维度。在前文中我们也分析

① M. S. Stark, *The dynamics of control: Exploring sense of control, illusion of control, and gambling self-efficacy among frequent gamblers* [D]. Toronto: University of Toronto, 2014.

② S. K. Tang & A. M. S. Wu, Gambling-related cognitive biases and pathological gambling among youths, young adults, and mature adults in Chinese societies [J]. *Journal of Gambling Studies*, 2012, 28(1): 139-154. E. J. Langer & J. Roth, Heads I win, tails it's chance: The illusion of control as a function of the sequence of outcomes in a purely chance task [J]. *Journal of Personality & Social Psychology*, 1975, 32(6): 951-955.

了预测控制对彩民的选择号码的方式所产生的重要作用，因此预测控制和解释偏差两种心理状态对彩民如何来选择自己要投注的号码的作用相互支撑，首先彩民会判断是哪些因素对中奖与否产生重要影响，其次在开奖之后彩民会重新对影响中奖的因素进行选择判断，在这种反复出现的过程中形成了自己对中奖的错误认识；我们同样可以认为，也正是彩民缺乏对中奖概率的正确认识，才使得这两种心理状态对彩民所造成的负面影响越来越大。

与控制错觉维度相比，解释偏差的影响主要来自对购彩技巧的重视。彩民在购彩过程中出现解释偏差与其信息加工能力的局限性有密切联系，由于认知、情绪和意志过程对其行为决策能力的影响，才导致彩民陷入这一认知陷阱①；同时彩票机构在部分宣传方面依旧存在一定的误导性以及信息发布不准确等现象，更容易造成彩民出现有偏差的购彩理念②。

无力戒赌是个体对成瘾行为无力停止的自我感知③，这一认知维度所对应的行为特征也仅仅包括控制失调，即彩民很难或无法停止自己的购彩行为。在本研究中可表示为彩民对无法停止购彩的主观效能，关于对这一认知维度的讨论首先出现于对酒精成瘾问题的研究④。在研究中发现，存在这类认知问题的彩民并非全部对自身的购彩问题表现出排斥或逃避治疗，而是在主观层面上主动寻求能够减轻购彩问题程度的自我暗示、心理咨询、社会帮扶或临床治疗等手段⑤。同样有学者发现，在这种状况下，彩民通常会因无法控制自己的行为而对自身感到失望、压力巨大和无助，容易导致彩民问题复发乃至成为问题彩民。⑥ 彩民通过购彩主要满足自身以下需求，例如

---

① 参见白彩梅：《上海市体育彩票消费中彩民的认知偏差及其干预策略研究》，华东师范大学硕士论文，2011 年。

② 参见李海、马辉、吴殷、徐家熹：《我国体育彩票机构社会责任规划研究》，上海体育学院上海体育彩票研究中心，2016 年。

③ T. P. S. Oei & R. Burrow, Alcohol expectancy and drinking refusal self-efficacy: a test of specificity theory [J]. *Addictive Behaviors*, 2000, 25(4): 499-507.

④ N. K. Lee, T. P. S. Oei & Greeley, J. D. The interation of alcohol expectancies and drinking refusal self-efficacy in high and low risk drinkers [J]. *Addiction Research*, 1999, 7(2): 91-102.

⑤ D. W. Black & T. Moyer, Clinical features and psychiatric comorbidity of subjects with pathological gambling behavior [J]. *Psychiatric Services*, 1998, 49(11): 1434-1439.

⑥ N. Raylu & T. P. S. Oei, Pathological gambling: A comprehensive review [J]. *Clinical Psychology Review*, 2002, 22(7): 1-53.

自我认同、社会认同、消除自身负面情绪等[①]，不同彩民群体通过不同购彩期望支撑自己长期的购彩行为，在这种内部驱动下使自己陷入无法自拔的状态。Raylu 和 Oei 表示，彩民在这种认知维度影响下，同时又受到游戏内置规则、媒体宣传以及社会上形成的对博彩活动的文化惯例等因素的影响，在很大程度上会加剧这一维度情况的严重性。[②] Beck 等在早期研究中就发现了博彩活动中消费者出现的这种行为演化，且与吸毒、酗酒等其他物质滥用的行为模式十分相似，需要引起相当的重视。[③]

有研究发现这类认知情况较为严重的彩民并非全部对自身问题表现出排斥或逃避治疗，有彩民表示自己在主观层面上会主动寻求能够减轻自身购彩问题的自我暗示、心理咨询社会帮扶或临床治疗等手段。[④] 然而从本研究结果来看，彩民在无力戒赌维度得分提升时，其每周购彩次数有所下降，但消费占月收入比重却有所提升，因此可判断当彩民在无力戒赌维度表现较为突出时，虽然会降低购彩次数，但每次购彩的消费金额会有较大幅度提升，这与部分国外学者研究结论相仿。[⑤] 在无力戒赌维度上表现突出的彩民尽管会努力控制减少购彩次数，但一旦开始消费就很难控制自己的消费金额，从而会产生失望、无助感，形成恶性循环。[⑥] 彩民在受到解释偏差和无力戒赌两个维度的影响时，变为问题彩民的概率均有所提升，该结论进一步验

---

① J. B. Murray, Review of research on pathological gambling [J]. *Psychological Reports*, 1993, 72(3): 791.

② N. Raylu & T. P. S. Oei, The Gambling Related Cognitions Scale (GRCS): Development, confirmatory factor validation and psychometric properties [J]. *Addiction*, 2004, 99(6): 757-769.

③ A. T. Beck, F. D. Wright, C. F. Newman & B. S. Liese, *Cognitive therapy of substance abuse* [M]. New York: Guilford Press, 1993.

④ T. W. Black, T. Moyer & S. Schlosser, Quality of life and family history in pathological gambling [J]. *Journal of Nervous & Mental Disease*, 2003, 191(2): 124-126.

⑤ J. Loo, N. Raylu & T. P. Oei, *Testing the validity of an integrated cognitive behavioral model of gambling behavior with a Chinese sample* [C]. New York: Nova Science Publishers, 2012, 119-137.

⑥ T. P. S. Oei & R. Burrow, Alcohol expectancy and drinking refusal self-efficacy: a test of specificity theory [J]. *Addictive Behaviors*, 2000, 25(4): 499-507.

证了博彩相关认知对于问题购彩行为的产生及演变过程的重要影响。[①]

(二)行为特征和消费特征的影响

在本研究中,除休闲型彩民分类,在其他4个分类中,男性彩民的比例均高于女性彩民。这一结论与前人研究基本一致,大部分网络博彩或体育博彩的消费者中男性彩民均占大多数[②],且男性彩民比女性彩民表现出更多的问题购彩行为[③]。Delfabbro等表示,有85%~90%的澳大利亚赛马博彩机构的消费者为男性;McCormack、Shorter和Griffiths也发现,在Bwin网站上开户进行博彩的玩家中有92%的彩民为男性。同样的性别比例在Stevens和Young的研究中也有体现,不论是技术性游戏还是运气性游戏,男性的比例普遍高于女性;而男性彩民在参与博彩时,其时长也通常在1个小时及以上,而女性彩民的消费时长通常在10分钟左右。

从年龄分布上来看,所有5个分类的彩民差异不大,31~40岁及40岁以上彩民在过渡型彩民和潜在危害彩民中的比例与前人研究基本相同。根据Delffabbro等的研究,大多数参与赛马和体育博彩的彩民年龄基本在35~54岁。McCormack等则发现欧洲地区参与体育博彩的彩民年龄平均为31岁(SD=10.0)。整体来看,问题彩民中高龄彩民的比例较高,尽管高龄彩民在整体彩民的比例较低,但本研究中的大多数彩民都能够理性地购买彩票,并未表现出较多的负面影响。相反,居住环境对彩民的影响是显而易见的。Lai(2006)表示,华裔彩民中经常参与博彩的彩民年龄平均要超过55岁,特别是那些在加拿大生活了较长时间,存在一定社会参与障碍且保持了较强的中国传统价值观的彩民更多地参与了博彩活动。

在休闲型彩民群体中,学历较高的彩民在其中所占据的比例较高;而潜

---

① R. Michalczuk, H. Bowden-Jones, A. Verdejo-Garcia & L. Clark, Impulsivity and cognitive distortions in pathological gamblers attending the UK National problem gambling clinic: A preliminary report [J]. *Psychological Medicine*, 2011, 41(12): 2625-2635. N. Raylu & T. P. Oei, Pathological gambling: A comprehensive review [J]. *Clinical Psychology Review*, 2002, 22(7): 1009.

② K. Splevins, S.Mireskandari, K.Clayton & A. Blaszczynski, Prevalence of adolescent problem gambling, related harms and help-seeking behavior among an Australian population [J]. *Journal of Gambling Studies*, 2010, 26, 189-204.

③ F. Calado, J. Alexandre & M. D. Griffiths, Prevalence of adolescent problem gambling: A systematic review of recent research [J]. *Journal of Gambling Studies*, 2017, 33, 397-424.

在危害彩民的学历则有所降低，大部分为高中及以下学历。在问题彩民群体中，学历与问题购彩情况之间的关联性并不显著。根据这一结论，彩民学历越高其正确认识购彩的概率就越大，能从更理性的角度看待购彩行为，指导购彩行为。在一项针对韩国彩民的研究中发现，本科及以上学历的彩民比其他学历彩民更喜欢追求挑战和胜利的感觉，特别是希望通过参与博彩来获取这种满足感。这些研究在一定程度上支撑了本研究的研究结论，同时也可以看出中国大陆地区彩民与韩国彩民之间的共同性，这可能与相类似的文化环境及传统历史背景存在一定关联。但也有学者发现，低学历彩民存在购彩问题的比例与其他彩民相比明显更高。① 而社会技能不高、工作能力欠缺的彩民成为问题彩民的概率与其他彩民相比也相对较高②，整体来看，大多数低学历和高龄彩民都属于社会中下层阶级，由于环境的影响导致这部分彩民的社会竞争力较低、生活压力普遍较高，希望通过博彩活动获取一种强的社会归属感，而在这一过程中由于不能对博彩活动有较为理性客观的认识，使得其消费行为逐步由普通消费转为不理性消费③。Grant 和 Kim 在研究中发现，在部分西方国家，低收入、高中及以下学历的彩民所承受的社会生活压力较大，这部分彩民中的问题彩民比例非常高，而且女性彩民占了较大的比重。④

有效的社会支持是帮助问题彩民逐步改善其问题行为的较为有效的措施之一，也是博彩机构开展彩民救助的主要手段。⑤ 因此，体育彩票机构在开展彩民教育、帮扶和救助过程中，应首先加强对彩民群体的保护。Afifi 等

---

① A. Johansson, J. E. Grant, S. W. Kim, B. L. Odlaug & K. G. Gotestam, Risk factors for problematic gambling: A critical literature review [J]. *Journal of gambling Studies*, 2009, 25(1): 67-92.

② L. Sharpe, N. Tarrier, Towards a cognitive-behavioural theory of problem gambling [J]. *British Journal of Psychiatry the Journal of Mental Science*, 1993, 162(3): 407. L. Shepherd & M. Dickerson, Situational coping with loss and control over gambling in regular poker machine players [J]. *Australian Journal of psychology*, 2001, 53(3): 160-169.

③ D. M. Ledgerwood & N. M. Petry, Psychological experience of gambling and subtypes of pathological gamblers [J]. *Psychiatry Research*, 2006, 144(1): 17-27.

④ J. E. Grant & S. W. Kim, (2002). Pharmacotherapy of pathological gambling [J]. *Psychiatric Annals*, 2002, 32(3): 186-191.

⑤ C. Maddern & M. Rogala, *Testing of the Self-Administered Problem Gambling Scale prototype screen: A draft report* [R]. Melbourne: Market Solutions PTY, 2006.

就表示加强对高龄彩民的社会帮助，通过一定形式的社会支持措施(例如送温暖、社区活动等)可在很大程度上转移彩民对于购彩买票的注意力，能有效降低彩民的问题购彩程度。①

数据显示，农民及农民工群体在过渡型彩民、潜在危害彩民、强制型彩民及问题彩民 4 个群体中的比例都相对较高，而在休闲型彩民中的比例较低。同时，退休或无业彩民在全部 5 个群体中的比例都较高，从休闲型彩民到问题彩民，彩民的金钱支出和时间支出比例都逐步提升。这与之前关于加拿大问题彩民的研究情况相类似，即问题彩民的支出情况最严重，而中等危害彩民的情况其次，低危害彩民的支出情况最为理想。本研究还发现，强制型彩民比休闲型、过渡型和潜在危害彩民的支出情况都要严重。低支出通常是指每周消费不超过 50 元，高支出通常是指每次投注都超过 100 元。

有研究表示，购彩金额占月收入比重在 5%左右属于正常情况，超过这个比例成为问题彩民的概率会大大增加。② 但从本研究的分类来看，轻度表现彩民在月收入占比主要在 10%以下，且大部分彩民的消费也基本在这个数值左右，因此，从我国体育彩票彩民的情况来看，以 5%的月收入占比判断彩民是否可能会成为问题彩民是不合适的。而轻度表现的彩民在其他消费特征上的表现与其他彩民相比也差异较大，金钱和时间花费都很小，所以这部分彩民在未来尚不属于教育帮扶的主要对象。

有学者在对问题彩民的消费习惯进行统计时发现，问题彩民中花费 101～200 元及以上占比超过 50%，购彩频率超过 6 次占比达到 75%，花费时间超过 2 小时占比近 50%，从这一数据与本研究中度表现彩民的基本消费行为来看较为符合③；但考虑以下原因，我们只能认为中度表现彩民在部

---

① T. O. Afifi, D. A. Brownridge, H. MacMillan & J. Sareen, The relationship of gambling to intimate partner violence and child maltreatment in a nationally representative sample [J]. *Journal of Psychiatric Research*, 2010, 44(5): 331-337.

② K. R. Foster & H. Kokko, The evolution of superstitious and superstition-like behavior [J]. *Proceedings of the Royal Society B: Biological Sciences*, 2009, 276(1654): 31. T. O. Afifi, D. A. Brownridge, H. MacMillan & J. Sareen, The relationship of gambling to intimate partner violence and child maltreatment in a nationally representative sample [J]. *Journal of Psychiatric Research*, 2010, 44(5): 331-337.

③ 参见刘炼、王斌、黄显涛、李改、胡月:《体育彩民低风险购彩行为阈限与危害的剂量—反应关系研究》,《天津体育学院学报》2015 年第 5 期。

分方面可能会导致其产生问题购彩行为，并不能作为问题彩民对待：①本研究中，彩民的部分消费行为与前人研究结果并不相符；②中度表现与重度表现散点在对应分析图中分布差异大，并未聚合，表明这两类彩民在心理及行为特征上存在差异，并不属于同一类彩民，仅有控制失调行为维度的中度表现散点与重度表现散点集群的位置较为接近。而根据本研究分类，重度表现彩民可以被看作问题彩民，这类彩民在购彩频率、金额、月占比、花费时间等多个方面远高于其他两类彩民，同时与前人对问题彩民消费问题的研究结论基本相似，差异不大。

第八章　本研究的主要结论及建议

通过前七章分析，本研究确立了彩民购彩行为、购彩认知与问题购彩之间的交互影响模式，发现并初步确定了影响彩民购彩行为的主要因素，并对这一模式中影响彩民购彩行为特征的因素进行了系统分析讨论。本章作为本研究的总结篇章，对本研究的主要研究结论进行了整理，并针对这些结论从宏观和微观两个层面对我国体育彩票机构及学界在相关领域的研究提出了发展建议。

一、本研究的主要结论

第一，本研究编制了《彩民购彩行为评价量表》，该量表包括 5 个维度，共 15 个条目，通过项目分析、效度分析和信度分析证实了该量表具有良好的信效度和稳定的结构。与国内已有的评价量表或相关调查问卷相比，该量表纳入了更多的彩民购彩行为特征，测量范围更广；与翻译修订的国外量表相比，该量表更符合我国本土彩票的发展环境，语言上更符合彩民的语言习惯，能够较好地反映我国体育彩票发展的实际情况。

第二，博彩相关认知量表中文版是第一次以中国大陆的体育彩票彩民为样本进行测量评价，通过项目分析、效度分析和信度分析，结果显示这一量表的内在假设模型与数据拟合情况良好，本研究数据分析结果为该量表在我国彩民群体中的适用性提供了更新的理论支撑。

第三，通过判别分析和聚类分析，分别把上海市体育彩票彩民分为 3 类和 5 类，经过系统论证，这两种分类的彩民可在一定程度上相互对应，即正常彩民（轻度表现）为休闲型彩民和过渡型彩民，正常彩民（中度表现）为潜在危害彩民和强迫型彩民，问题彩民在两种分类方法中相同。

第四，问题购彩的影响因素大致可以分为认知因素、行为特征因素和消费特征因素。结合本研究的理论基础可以发现，彩民的购彩认知通过对具体行为特征和具体消费特征的影响在彩民消费博彩游戏时得以表征，随着彩民不当消费行为的加剧使得彩民行为逐渐向问题购彩演变，通过问题购彩行为对初始自我感知和环境感知进行反馈。控制失调行为是整个交互模型中的核心要素。沿着交互模型的发展脉络向前追溯，该行为特征由控制错觉和无力戒赌两个认知维度的直接共同作用产生并逐渐发展；横向比对，受到控制错觉和无力戒赌的显著影响，彩民每月购彩金额占月收入比重逐渐提升，这一消费特征从侧面加重了彩民在控制失调行为维度中的表现，同时控制失调行为与迷信行为和代买行为两个行为特征持续相互作用，而代买行为由于受到解释偏差认知的影响与同样受其影响的每周消费金额以及每周购彩频率两个消费特征之间关系密切；向后发展，控制失调行为则是彩民向问题彩民演变的重要内生驱动。由此建立了购彩行为、购彩认知和问题购彩的交互影响模型。其中，每月消费金额占月收入比重与控制失调的关联密切，这一购彩消费特征的变化可以作为判断彩民是否向问题彩民转化的重要评价标准，其次每周消费金额和频率的变化也对问题购彩有着显著影响，其他购彩消费特征的影响则相对较弱。

第五，上海市体育彩票彩民在追逐行为和号码关联两个行为特征上表现较为突出；在购彩期望、解释偏差和无力戒赌三个心理特征上表现较为突出；女性彩民在迷信行为上表现较为突出，而男性彩民在追逐行为和号码关联两个行为特征上的重度表现占比均高于女性；不同年龄的彩民在存在显著差异的行为特征和心理特征上均表现出随年龄增大重度表现占比升高的情况，说明我国彩民年龄越高，出现购彩行为及心理问题的情况越突出；不同学历的彩民在显著差异的行为特征和心理特征上的表现主要是低学历彩民在重度表现上的占比均高于高学历彩民，说明我国彩民学历越低，存在购彩行为及心理问题的概率越大。

第六，当彩民购彩行为特征为重度表现时，其购彩心理特征基本表现出明显的中度表现，有进一步向重度表现发展的趋势；当彩民的控制失调行为为重度表现时，彩民的购彩问题已经较为严重；消费占月收入比重大于50%，每周消费次数在16次以上，每日花费时间在5小时以上的彩民，其购彩认知有较为明显地向重度表现发展的趋势；在控制错觉维度为中度表现的彩民比在其他维度为中度表现的彩民更容易向重度表现彩民发展。

第七，解释偏差和无力戒赌两个维度对彩民是否会演变为问题彩民影响显著，彩民在解释偏差和无力戒赌两个维度上的得分每提升一个单位，彩民变为问题彩民的概率分别增加14.7%和16.7%，该结论进一步验证了博彩相关认知对于问题购彩行为的产生及演变过程的重要影响。[①] 在彩民购彩认知对问题购彩行为的影响方面，控制错觉、解释偏差和无力戒赌三个维度影响较为显著，当彩民在这三个维度的得分提升时，彩民购彩行为提升到问题购彩行为阈值以上的概率都有所提升，表现出较好的预测能力。由此看来，彩民在逐渐产生问题购彩行为乃至由正常彩民转变为问题彩民这一过程中，控制错觉、解释偏差和无力戒赌三个认知维度产生了重要作用。

第八，通过判别分析可以看出，当前上海市体育彩票问题彩民比例大致超过5%，与2009年全国调研数据相比有所提升，判别彩民是否为问题彩民的判别分数由2009年的3.85下降为2.93，说明我国体育彩票彩民成为问题彩民的壁垒有所降低，即彩民更容易变为问题彩民，若不采取有效可行的预防措施，我国体育彩票问题彩民的比例在未来一段时间将会进一步提升。

二、对我国体育彩票机构的主要建议

在全球博彩业快速发展的大背景下，社会责任工作的开展已然成为博彩产品品牌建设的核心途径。我国体育彩票市场的发展也必然要融入这一发展趋势当中，加强推进体育彩票机构社会责任工作体系构建，把社会责任开展作为新时期工作转型的重要抓手。其中，体育彩票彩民作为我国体育彩票市场重要的利益相关群体，在社会责任战略布局的大方向下，把握对彩民群体的利益保障，通过协调社会责任工作机制，实现我国体育彩票机构的健康发展。

---

① R. Michalczuk, H. Bowden-Jones, A. Verdejo-Garcia & L. Clark, Impulsivity and cognitive distortions in pathological gamblers attending the UK National problem gambling clinic: A preliminary report[J]. *Psychological Medicine*, 2011, 41(12): 2625-2635.

以破解市场发展难题为目的，坚持责任的发展理念为背景，结合本研究的主要研究结论，从宏观和微观两个层面提出了今后我国体育彩票机构开展相关工作的主要建议，旨在对我国体育彩票市场未来的健康发展提供帮助。

（一）宏观层面

1.逐步转变职能定位，销量责任两手调控

逐步推进社会责任工作已成为我国体育彩票品牌建设的重要发展途径，社会责任工作的开展应作为我国体育彩票在新时期工作转型的重要任务。十二五时期，我国体育彩票在彩票发行销售方面取得较好的成绩，共累计发行 6794 亿元，累计筹集公益金 1772 亿元，已成为在世界上具有较大影响力的彩票品牌。在销量稳步提升的发展背景下，相关职权部门应逐步有效合理地把我国体育彩票的发展重点转向“保证销量、突出责任”，在销量稳步提升、形式更加多样、市场有序扩张的同时，要进一步关注我国体育彩票市场的重要参与群体，在推进社会责任工作时，首先要把彩民的根本利益放在首位。

2.加强购彩环境培育，有效引导社会舆论

学习借鉴国外彩票机构成熟经验，建立体育彩票营销宣传内容的审核机制和标准流程，把握好营销宣传的“度”，防止误导彩票购买者过度购彩。

积极强化公益导向的责任营销，倡导“多人少买、寓募于乐、重玩轻博、理性投注”的购彩理念，引导彩民理性购彩。增加面向公众的责任彩票宣传内容，重点增加“理性购彩”的宣传标语。

探索开创新的营销宣传渠道，充分运用不同种类媒体的优势，开展针对责任彩票的广告和营销宣传活动，形成立体式营销宣传网络；逐步加强与外部专业营销机构的合作，借助外力开展相关理念的普及，让体育彩票的广告和营销宣传工作更加贴合彩民需求。

同时还要加大对公益金筹集、分配和使用等相关工作的宣传，特别是日常规范展示和重点工作的宣传，让广大民众、彩民等深入了解相关工作的开展情况，把体育彩票的社会责任形象进行广泛传播。

3.紧抓游戏品种设计，制定安全评估标准

吸收借鉴国外成熟游戏评估工具，结合中国国情，研究我国体育彩票游戏防止成瘾性的审核要求，包括互联网销售中防止沉溺和未成年人购彩的审核，建立游戏研发、评审、申报的审核管理机制，推动游戏研发审核评估标准化、流程化。

加强与国外彩票机构的交流合作，积极研发绿色、安全、环保的游戏新品种，研究借鉴国外成熟的游戏评估工具，逐步构建符合我国体育彩票发展实际的游戏研发和评估体系；其次，对全部游戏产品的前期研发、评审检测、申报审查、发行销售、退市等全套流程进行严格监管，保障游戏的科学性、娱乐性和安全性。

4.加强彩民日常教育，逐步完善帮扶手段

由总局体彩中心负责督促各级体彩中心建立相关渠道准确、完整地向彩民传递彩票游戏规则、中奖概率等相关信息，便于彩民作出理性购彩决策。通过官方网站等渠道，提供各类游戏全面细致的信息，通过网点张贴各类游戏的详细介绍，或者提供彩票购买者方便获取的各类游戏介绍手册。帮助彩民准确理解各类游戏的中奖概率、返奖率等的结构性特征信息，使其提高购买彩票的风险意识和鉴别能力，在正确信息的帮助下作出恰当的选择，提高理性购彩的能力。

正确识别问题彩民，进一步完善问题彩民甄别量表，定期开展问题彩民调查，及时掌握问题彩民的整体情况；进一步完善问题彩民咨询救助热线，及时提供咨询救助服务；建立网络服务平台，提供彩民购彩行为自测工具；编制问题彩民救助手册，指导问题彩民自我救助；加强代销者和销售人员培训，对问题彩民采取适当干预措施，研究探讨问题彩民“熔断机制”；组织互助小组，在专业人士主持下促进问题彩民之间交流沟通，提升自身对问题购彩的认识；对情况较为严重的彩票购买者提供专业心理分析治疗服务，改变问题彩民非理性购彩心理状态，矫正错误购彩认知，帮助其掌握如何控制相关风险因素，改善家庭问题等，以减缓问题购彩风险程度。

推进非理性彩民救助机构标准化建设，使得治疗转诊服务常态化；引进家庭辅助治疗，加强与非理性彩民家人、朋友的互动，通过亲情感化非理性彩民，同时加强非理性彩民间的沟通机制，使之互帮互助、互相监督。

（二）微观层面

在彩民帮扶过程中，应着重引导和培育彩民的健康购彩目的，养成较好的消费习惯，督促其逐步控制购彩频率及投注金额，而不是一味强制禁止其购买彩票。

应多向彩民传递购买彩票所产生的正面影响和社会受益，不能在救治过程中单纯强调某种行为的成本问题或所带来的危害；针对目前开奖频率较高的彩票玩法制定相关策略，适当降低开奖频率。研究发现，当彩民在较为严格的游戏规则指引下，其购彩频率逐渐下降时，其控制错觉的程度会逐渐减轻；当规则制定越规范、越精确时，对彩民购彩行为的控制也会越有效。

对高龄彩民应主要采取面对面访谈教育和疏导为主，指导其家人或朋友在日常生活中对他进行帮扶，鼓励他增加其他社会活动参与，尽可能转移这部分彩民对于购买彩票的注意力。当彩民情况较为严重时，应告诫其家人避免其掌握多余金钱，并尽可能防止其继续购买彩票。

在通过海报、电视、网络等渠道向彩民传递信息时应尽可能准确，特别是在指导彩民如何理性购彩方面，不应该只宣传“应该理性购彩”，而应该从购彩频率、时间及金钱花费、游戏规则介绍等多方面向彩民介绍如何购彩才是较为理性的购彩方式，有哪些标准来判断自己是否是理性购彩。只有当彩民获取了更详细、更准确的指导建议之后，其购彩方式才有可能向更为理性的方向发展。

制作体育彩票所有上市游戏规则详细介绍的宣传手册，由网点业主或其他销售人员主动向彩民进行介绍并发放。

在不同玩法的彩票票面上添加印有该类玩法具体规则的信息，特别是准确的中奖概率等。

尽快编制完成《中国体育彩票彩民指导手册》，在社区、销售网点、广场销售区域等向广大彩民发放，并通过互联网等多元渠道进行宣传，逐步扩大覆盖深度与广度。

加强体育彩票客服平台建设及宣传，让越来越多的彩民了解并积极使用客服平台，提升客服人员服务质量和水平，保证在第一时间与潜在问题彩民及问题彩民接触时就能向其提供有效的基本服务。

加强网点业主及销售人员培训工作，增强一线管理和销售人员对潜在问题彩民的识别、报告和帮扶能力。

在销售网点设立小柜台发放可回收彩民自评量表或在相关网站上设立

彩民自评板块，通过部分奖励手段（赠送彩票等方式）有效收集相关彩民信息，实现对部分潜在问题彩民进行追踪调查，有效帮助问题彩民特征数据库的建立。

以地方体彩机构为主，在社区定期举办体育彩票彩民交流培训座谈会，向彩民介绍购彩心理、行为特征以及问题购彩等相关知识，加强彩民对问题购彩的认识，并设立由专家组成的咨询团队为彩民答疑解惑。

以经济条件较好的省（区、市）为试点，与当地精神卫生中心及其他成瘾治疗研究单位合作，建立“药物—心理康复—家庭社会”的治疗体系。

第九章　本研究的创新点、局限性及未来工作展望

通过本研究,我们提出了适用于我国体育彩票彩民的《彩民购彩行为评价量表》,并采用多种统计方法对这一量表的适用性进行检验;选取了合适的购彩认知评价量表和问题购彩评价量表收集彩民的数据,采用多种统计方法对彩民的购彩行为、购彩认知和问题购彩的交互影响关系进行分析,最终确立了交互模型。本章通过总结本研究的主要成果,阐述了本研究存在的创新点和局限性,并对未来的工作提出展望。

一、本研究的创新点

本研究的主要创新点在于进一步完善了现有研究中对于彩民购彩行为特征分类的不足。通过对国内外已有评价量表的搜集与评价,本研究对已有的彩民购彩行为特征分类进行了重新整理,确立了 5 个维度的评价量表,通过不同分类方法对上海市体育彩票彩民分类后发现该量表具有较好的彩民区辨能力,通过彩民在量表中的得分情况,判断彩民所在的类别归属、行为特征情况及是否存在问题购彩行为。

首先,通过彩民购彩行为评价量表可以判断彩民在哪些行为特征上存在潜在或已经存在问题购彩行为,通过干预手段直接对其进行有效的教育和帮扶。其次,通过本研究确立的交互模型,判断存在问题的行为特征维度与哪些购彩认知维度存在密切关联,以及是否与情境因素有着直接关系,由此确定彩民存在偏差的购彩认知维度,采用进一步认知治疗手段或对购彩

情境影响因素进行科学合理的调控以达到对其进行帮扶治疗的目的。

二、本研究的局限性

(一)研究样本的代表性

本研究样本全部来自上海市,调研数据并未涉及其他省份,研究结论适用范围存在一定局限性,可能在一定程度上并不能代表全国体育彩票彩民的基本状况。

(二)量表适用性

博彩相关认知量表尽管已经在西方部分国家及地区作为较为成熟的彩民认知测量量表进行了大范围的评价使用,但该量表目前的研究评价多以西方国家及地区的彩民样本数据为主,整体结果存在一定的局限性。本研究所使用的中文版量表原始模板由澳大利亚学者提供,且笔者就量表中使用的具体词汇、语意和表达习惯等进行了多次修改,并邀请业内专家进行统筹,但考虑到中西方博彩市场环境迥异、玩法差异较大、文化背景也不同,同时该量首次对我国体育彩票彩民群体进行测量,受部分客观因素的影响可能导致部分数据存在一定偏差。

购彩行为特征量表为全新量表并首次在本研究中提出,尽管信效度检验结果较好,但所包含的5个维度以及15个条目是否能够全部涵盖彩民在参与博彩活动中表现出的行为特征还需要进一步研究论证;同时,代买行为和号码关联两个维度各只包含了两个条目,存在条目数量相对较少的问题。

(三)部分研究结果的局限性

关于无力戒赌维度得分提高,彩民购彩频率下降,但消费比重提升的结论和分析,尽管有国外学者得出了相似的研究结论,但实证证据尚有不足。

在彩民购彩行为评价量表编制过程中,情境影响维度中的两个条目,分别表示以促销手段为代表的媒介渠道和以奖池大小为代表的博彩游戏结构特征是否会对彩民的购彩行为产生影响,并以此提升彩民的购彩频率或购彩金额。这两个条目分别在第二轮专家咨询和量表内部一致性检验过程中因为满分比数值较低和修正的条目与量表总分的相关性较低而予以删除。两个条目最终没有进入正式版评价量表,并非表示这两个条目或者包含这两个条目的初始情境影响维度在对彩民购彩行为表现中不具有代表性或并不重要。这可能是因为：①当前我国合法的博彩游戏仅有彩票一种，而奖池增加的受益者只包括中三等奖以上的彩民，对于没有中大奖的彩民来说并没有直接刺激，在促销手段方面对于彩民的吸引力并不是很大，特别是对彩龄较大的彩民来说，影响更小。②该维度所包含条目较少，没有从更广泛的视角对潜在影响彩民购彩行为的情境因素。尽管本研究在主要数据分析过程中没有涉及太多情境因素，而这些因素对于彩民购彩行为的影响也没有较多进行讨论。但从文献回顾的结果来看，在大量前人文献中都可以看到博彩机构的各类宣传方式以及博彩游戏本身的结构特征对于彩民认知和具体购彩行为产生的巨大影响。

三、未来工作展望

第一，针对样本代表性和量表适用性两个方面，在未来理论研究及实践中可能还应对这两个量表的部分条目作出适当修改，其信效度也需要进一步检验；逐步增加对不同省（区、市）的彩民调研工作，适当增加效标量表，以尽早对量表进行完善使其能准确对我国体育彩票彩民的认知和行为进行测量，并在彩民认知和购彩行为评估、彩民帮扶救助及相关临床治疗中投入使用。未来可根据本土情况，对部分维度的条目作进一步扩充以作为问题彩民临床检测依据或编制针对某一特定认知维度评价工具时的结构基础，特别是要对代买行为和号码关联两个维度的条目数量作进一步扩充。

第二，针对无力戒赌维度得分对彩民购彩行为的影响方面，后续研究中应进一步考虑分组分析，考察不同群体彩民之间的差异，继续探讨认知偏差与问题购彩之间的联系。

第三，针对情境因素对彩民购彩行为的影响方面，未来研究中应继续考虑将情境影响维度纳入彩民购彩行为评价量表中，进一步丰富扩充本研究提出的交互模型。

附　件

附件一　《彩民购彩行为评价量表》条目池

条目/维度	从不	很少	有时	很多	总是
游戏偏好					
1.主要买数字型彩票(比如大乐透、排列3/5等)					
2.主要买竞猜型彩票					
3.主要买即开型彩票					
自我控制能力					
1.在经济拮据时增加购彩频率或金额,希望通过中大奖改善生活					
2.买高频彩票时,我会持续投注,很难停止					
3.给自己设定一个买彩票需要的资金限额,但往往控制不住					
4.没钱的时候也会想办法去买彩票					
5.购买彩票的数量经常会超过自己的可控制范围					

续表

条目/维度	从不	很少	有时	很多	总是
情境影响					
1.有促销活动时加大购彩力度					
2.在奖池增加时买更多的彩票					
迷信					
1.有好彩头就会多买几注彩票					
2.感觉运气好的时候去购买彩票					
3.在感觉运气好的时候购买更多的彩票					
4.穿特定颜色衣服或携带幸运物去买彩票					
5.让不懂彩票的人帮我选择号码,例如孩子、陌生人等					
6.参考今日运势或找人算命决定今天是否要买彩票					
7.用与自己相关的数字进行投注					
8.感觉很倒霉的时候去购买彩票					
9.让运气好的人帮我选择号码					
10.做梦梦到数字了,第二天就会去买彩票					
购买地点					
1.通常在上下班路上就近买彩票					
2.去不同的网点买彩票,这样可以增加中奖的概率					
3.去中过大奖的彩票店购买彩票					
购买方式					
1.买高频彩票时,我会持续投注,直到中奖					
2.分析号码走势图					
3.买即开型彩票时,我对彩票的位置有要求					

续表

条目/维度	从不	很少	有时	很多	总是
4.买即开型彩票时，一旦中奖我会用所得奖金继续购买彩票					
5.买刮刮卡一定要自己选					
6.在某些特定时间段购买彩票（例如，以往购彩中奖的时段）					
7.购买同一组号码					
8.靠掷骰子的结果进行投注					
9.别人怎么买，我就跟着买					
10.随机选号，并没有技术可言					
11.与别人一起合买彩票					
12.我一个人去买彩票					
13.和朋友（或家人、同事）一起去买彩票					
14.偏向选择冷号或热号					
15.参考大奖中奖故事中的购彩方式购买彩票					
16.坚持买彩票就会中奖					

附件二 《彩民购彩行为量表》条目池课题组讨论结果

条目/维度	从不	很少	有时	很多	总是
游戏偏好					
1.我主要买数字型彩票(比如大乐透、排列3/5等)					
2.我主要买竞猜型彩票					
3.我主要买即开型彩票					
自我控制能力					
1.我会在经济拮据时增加购彩频率或金额,希望通过中大奖改善生活					
2.我在买高频彩票时,会持续投注,很难停止					
3.我会给自己设定一个买彩票需要的资金限额,但往往控制不住					
4.我在没钱的时候也会想办法去买彩票					
5.购买彩票的数量经常会超过自己的可控制范围					
情境影响					
1.我会在有促销活动时加大购彩力度					
2.我会在奖池增加时买更多的彩票					
迷信					
1.有好彩头时,我就会多买几注彩票					
2.我会在感觉运气好的时候去购买彩票					
3.我会在感觉运气好的时候购买更多的彩票					
4.我会穿特定颜色衣服或携带幸运物去买彩票					

续表

条目/维度	从不	很少	有时	很多	总是
5.我会让不懂彩票的人帮我选择号码，例如孩子、陌生人等					
6.我会参考今日运势或找人算命决定今天是否要买彩票					
7.我会用与自己相关的数字进行投注					
8.我会在感觉不顺时去购买彩票，冲冲晦气					
9.我会让运气特别好的人替我购买彩票					
10. 我会用梦见的数字去购买彩票					
购买地点					
1.我通常会在上下班路上就近买彩票					
2.我会去不同的网点买彩票，这样可以增加中奖的概率					
3.我会去中过大奖的彩票店购买彩票					
购买方式					
1.我会在购买高频彩票时持续投注					
2.我会根据号码走势图的规律来确定号码					
3.买即开型彩票时，我对彩票的位置有要求					
4.买即开型彩票时，我会用中奖奖金继续购买彩票					
5.买即开型彩票时，我会自己选择买哪一张彩票					
6.我会在以往中奖的时间段去购买彩票					
7.我始终用同一组号码购买彩票					
8.我会靠掷骰子的结果确定要投注的对象					
9.我会模仿别人的购彩方式购买彩票					

续表

条目/维度	从不	很少	有时	很多	总是
10. 我通常是随机选号进行投注					
11.我通常与别人一起合买彩票					
12.我通常一个人去买彩票					
13.我通常和朋友(或家人、同事)一起去买彩票					
14.我通常会用冷热号进行投注					
15.我会参考大奖中奖故事中的购彩方式购买彩票					
16. 就算不中奖,我也会坚持购买彩票					

附件三 第一轮专家咨询表

尊敬的____________专家，您好：

感谢您在百忙之中抽出宝贵的时间为本课题组拟编制的《彩民购彩行为评价量表》进行评价。本量表包括游戏偏好、自我控制能力、情境影响、迷信；购买方式和购买地点共6个维度，经文献回顾、课题组讨论和对体育彩票机构工作人员、网点业主及彩民的访谈，共形成了包括38个条目的初始量表。本量表采用Likert 5级计分法，从1～5计分，分别为从不、很少、有时、很多、总是。

请您对本量表各条目的重要性进行评价，在您认为合适的选项下进行勾选。

在此对您造成的打扰深表歉意，感谢您的指导评价。

条目/维度	很重要	重要	一般	不重要	很不重要
游戏偏好					
1.我主要买数字型彩票(比如大乐透、排列3/5等)					
2.我主要买竞猜型彩票					
3.我主要买即开型彩票					
自我控制能力					
1.我会在经济拮据时增加购彩频率或金额，希望通过中大奖改善生活					
2.我在买高频彩票时，会持续投注，很难停止					
3.我会给自己设定一个买彩票需要的资金限额，但往往控制不住					
4.我在没钱的时候也会想办法去买彩票					

续表

条目/维度	很重要	重要	一般	不重要	很不重要
5.购买彩票的数量经常会超过自己的可控制范围					
情境影响					
1.我会在有促销活动时加大购彩力度					
2.我会在奖池增加时买更多的彩票					
迷信					
1.有好彩头时,我就会多买几注彩票					
2.我会在感觉运气好的时候去购买彩票					
3.我会在感觉运气好的时候购买更多的彩票					
4.我会穿特定颜色衣服或携带幸运物去买彩票					
5.我会让不懂彩票的人帮我选择号码,例如孩子、陌生人等					
6.我会参考今日运势或找人算命决定今天是否要买彩票					
7.我会用与自己相关的数字进行投注					
8.我会在感觉不顺时去购买彩票,冲冲晦气					
9.我会让运气特别好的人替我购买彩票					
10. 我会用梦见的数字去购买彩票					

续表

条目/维度	很重要	重要	一般	不重要	很不重要
购买地点					
1.我通常会在上下班路上就近买彩票					
2.我会去不同的网点买彩票,这样可以增加中奖的概率					
3.我会去中过大奖的彩票店购买彩票					
购买方式					
1.我会在购买高频彩票时持续投注					
2.我会根据号码走势图的规律来确定号码					
3.买即开型彩票时,我对彩票的位置有要求					
4.买即开型彩票时,我会用中奖奖金继续购买彩票					
5.买即开型彩票时,我会自己选择买哪一张彩票					
6.我会在以往中奖的时间段去购买彩票					
7.我始终用同一组号码购买彩票					
8.我会靠掷骰子的结果确定要投注的对象					
9.我会模仿别人的购彩方式购买彩票					
10. 我通常是随机选号进行投注					
11.我通常与别人一起合买彩票					
12.我通常一个人去买彩票					

续表

条目/维度	很重要	重要	一般	不重要	很不重要
13.我通常和朋友(或家人、同事)一起去买彩票					
14.我通常会用冷热号进行投注					
15.我会参考大奖中奖故事中的购彩方式购买彩票					
16.就算不中奖,我也会坚持购买彩票					

请在此对您就各条目的修改建议进行说明:

附件四　第二轮专家咨询表

尊敬的＿＿＿＿＿＿专家，您好：

经过第一轮专家咨询，根据各位专家的意见和建议，课题组对备选条目池进行了筛选，并对部分条目进行了修改，下表为调整后的量表条目池，烦请您再次对量表进行评价。

在此对您造成的打扰深表歉意，感谢您的指导评价。

维度/条目	很重要	重要	一般	不重要	很不重要
自我控制能力					
1.我会在经济拮据时增加购彩频率或金额					
2.我会在购买彩票时超出给自己设定的资金限额					
3.我会在没钱的时候想办法去买彩票(例如借钱)					
4.我会在购买彩票时超出自己的承受能力					
情境影响					
1.我会在有促销活动时购买更多彩票					
2.我会在奖池增加时买更多的彩票					
迷信					
1.我会在感觉运气好的时候购买更多的彩票					
2.我会让不懂彩票的人帮我选择号码					

续表

维度/条目	很重要	重要	一般	不重要	很不重要
3.我会用与自己相关的数字(生日、纪念日等)去购买彩票					
4.我会在感觉不顺时去购买彩票,冲冲晦气					
5.我会让运气特别好的人替我购买彩票					
6. 我会用梦见的数字去购买彩票					
7.我会在曾经中奖的时间段去购买彩票					
持续消费					
1.我会在没有中奖时继续购买彩票					
2.我会用中奖奖金继续购买彩票					
3.我会用自己选择的号码持续购买彩票					
购买方式					
1.我会通过分析号码走势图来购买彩票					
2.我会模仿别人的购彩方式购买彩票					
3.我通常是随机选号进行投注					
4.我会用冷号或热号购买彩票					

附件五 彩民购彩行为评价量表(预试)

题目	选项				
	从不	很少	有时	很多	总是
1.我会通过分析号码走势图来购买彩票					
2.我会在购买彩票时超出自己的承受能力					
3.我会用梦见的数字去购买彩票					
4.我会在曾经中奖的时间段去购买彩票					
5.我会用与自己相关的数字(生日、纪念日等)去购买彩票					
6.我会在感觉运气好的时候购买更多的彩票					
7.我会用中奖的奖金继续购买彩票					
8.我会在有促销活动时购买更多彩票					
9.我会用冷号或热号购买彩票					
10.我会模仿别人的购彩方式购买彩票					
11.我会在经济拮据时增加购买彩票的次数或金额					
12.我通常是随机选号进行投注					
13.我会在感觉不顺时去购买彩票,冲冲晦气					
14.我会用自己选择的号码持续购买彩票					
15.我会在没有中奖时继续购买彩票					
16.我会在购买彩票时超出给自己设定的资金限额					
17.我会让运气特别好的人替我购买彩票					
18.我会让不懂彩票的人帮我选择号码					
19.我会在没钱的时候想办法去买彩票(例如借钱)					

附件六　彩民购彩行为评价量表(正式版)

编号	题目	选项				
		从不	很少	有时	很多	总是
1	我会通过分析号码走势图来购买彩票					
2	我会在购买彩票时超出自己的承受能力					
3	我会用梦见的数字去购买彩票					
4	我会让不懂彩票的人帮我选择号码					
5	我会在没有中奖时继续购买彩票					
6	我会在感觉运气好的时候购买更多的彩票					
7	我会用中奖的奖金继续购买彩票					
8	我会用冷号或热号购买彩票					
9	我会在经济拮据时增加购买彩票的次数或金额					
10	我会用自己选择的号码持续购买彩票					
11	我会用与自己相关的数字(生日、纪念日等)去购买彩票					
12	我会在购买彩票时超出给自己设定的资金限额					
13	我会让运气特别好的人替我购买彩票					
14	我会在曾经中奖的时间段去购买彩票					
15	我会在没钱的时候想办法去买彩票(例如借钱)					

附件七 博彩相关认知量表中文版

编号	题目	选项				
		从不	很少	有时	很多	总是
1	购买彩票使我更快乐					
2	购买彩票已经成为我生活中不可缺少的一部分					
3	祈祷可以帮助我中奖					
4	当多次不中奖的时候,我坚信接下来一定会连续中奖					
5	我中奖与我的技巧和能力有相关					
6	购买彩票让生活变得更美好					
7	我根本不能控制自己不去购买彩票					
8	特别的数字或颜色可以增加我中奖的机会					
9	多次不中奖的经历会增加我的购彩经验					
10	我没有中奖与运气不好有关					
11	购买彩票让未来变得更光明					
12	我对购买彩票的渴望非常强烈					
13	特殊物品可以增加我中奖的机会					
14	当我中过一次奖后,肯定会再一次中奖					
15	我没有中奖与概率有关					
16	购买彩票可以帮助我降低紧张及压力					
17	我无法停止购买彩票					

续表

编号	题目	选项				
		从不	很少	有时	很多	总是
18	特殊的仪式或行为可以增加我中奖的机会					
19	运气好可以增加我中奖的机会					
20	想到上次中奖获得的奖金会促使我继续购买彩票					
21	我不愿意停止购买彩票					
22	我可以预测自己中奖					
23	一直用相同的号码购买彩票可以增加我中奖的机会					

附件八　问题彩民评价量表

编号	题目	选项				
		从不	很少	有时	很多	总是
1	您认为自己在购买、研究彩票的过程中花费了过多的精力					
2	您购买彩票的金额超出了自己或家人的预期					
3	您曾因购买彩票而产生家庭经济问题，如借钱、举债等					
4	您曾努力尝试不去回忆过去购买彩票的经历，但都失败了					
5	您曾动用不属于自己的资金购买彩票					
6	您曾因购买彩票而与家人产生矛盾					
7	您曾为购买彩票而节省生活开支					
8	您坚信自己一定能中奖，并不断地追加金额购买彩票					
9	通过增加购买彩票金额及频率可以增加您的兴奋感					
10	您虽然怀疑彩票的公信力，却仍然购买					
11	您购买彩票的金额超过自己的承受能力					
12	您为挽回投入的资金而再次购买彩票					
13	您曾努力尝试控制、减少或停止购买彩票，但都失败了					
14	您曾因购买彩票而影响工作或生活					

续表

编号	题目	选项				
		从不	很少	有时	很多	总是
15	家人、朋友曾对您购买彩票的行为进行劝阻，但您却坚持购买					
16	您曾为购买彩票而放弃娱乐、人际交往等活动					
17	当自己的彩票没有中奖时，您想掩饰沮丧的神情，但无法掩饰					
18	您购买彩票未中奖时常伴有挫败感					
19	您曾因购买彩票而减少与家人相处的时间					

附件九　彩民基本信息调查问卷

尊敬的彩民朋友，您好：

感谢您在百忙中填写本问卷！本次调研由国家体育总局体育彩票管理中心委托，上海体育彩票研究中心负责发放。本问卷采取不记名方式，所有调查结果与数据仅用于科学研究；该问卷填写大约会花费您5～10分钟时间，谢谢您的配合！

国家体育总局体育彩票管理中心
上海体育彩票研究中心

1.您的性别

①男　②女

2.您的年龄

①20岁及以下　②21～30岁　③31～40岁　④41～50岁

⑤51～60岁　⑥61岁及以上

3.您的婚姻状态

①已婚　②未婚　③离异或丧偶

4.您的职业

①公司职工　②退休或无业　③农民(工)　④学生　⑤自由职业者

⑥其他__________

5.您的学历

①初中及以下　②高中或中专　③大专　④大学　⑤硕士及以上

6.您每周购买彩票的次数

①1次　②2～5次　③6～10次　④11～15次　⑤16次及以上

7.您每周购彩花费的金额

①20元以下　②21～50元　③51～100元　④101～200元

⑤201～500元　⑥500元以上

8.您平均每天花费____________时间用于关注开奖信息、研究彩票信息

①1 小时以下 ②1～2 小时 ③2～3 小时 ④3～4 小时

⑤4～5 小时 ⑥5 小时以上

9.您每月购买彩票的金额占您月收入的比例大致为

①10％以下 ②10～30％ ③31％～50％ ④51～80％

⑤80％及以上

参考文献

一、中文文献

1.李海主编:《新编体育博彩概论》,复旦大学出版社2013年版。

2.汪丁丁:《行为经济学讲义——演化论的视角》,世纪出版集团、上海人民出版社2011年版。

3.王五一:《世界赌博爆炸与中国的经济利益》,经济科学出版社2005年版。

4.王五一:《博彩经济学》,人民出版社2011年版。

5.吴明隆:《结构方程模型——AMOS的操作与应用》,重庆大学出版社2009年版。

6.白彩梅、王树明、马文飞、叶林娟:《体育彩票消费中问题购彩的认知偏差研究》,《体育科学》2009年第10期。

7.李刚:《中国彩票业繁荣状态背后的隐忧及其对策研究》,《体育科学》2010年第5期。

8.李英:《体育彩票消费者行为研究》,《西安体育学院学报》2003年第2期。

9.刘玉、詹兴永:《体育彩票消费者行为的前景理论研究》,《四川体育科学》2008年第1期。

10.刘炼、王斌、叶绿、罗时、樊荣:《老年人购买体育彩票的积极心理效应——幸福度的促进机制研究》,《天津体育学院学报》2014年第1期。

11.刘炼、王斌、黄显涛、李改、胡月:《提与彩民低风险购彩行为阈限于危害的剂量—反应关系研究》,《天津体育学院学报》2015 年第 5 期。

12.刘伟涛、顾鸿、李春洪:《基于德尔菲法的专家评估方法》,《计算机工程》2011 年第 S1 期。

13.马红宇、吴艳萍、刘炼、史文文、王斌:《不同性别体育彩民购彩行为现状分析》,《北京体育大学学报》2012 年第 6 期。

14.史文文、王斌、马红宇、罗小兵、蔡宇轩:《问题彩民的购彩心理与行为特征》,《心理科学进展》2012 年第 4 期。

15.邵鹏:《有限理性、认知层次与投资博弈》,《数量经济技术经济研究》2010 年第 10 期。

16.邵继萍、刘炼、王斌:《老年体育彩民购彩心理与行为特征》,武汉体育学院学报 2012 年第 7 期。

17.王爱丰、王正伦、陈勇军、石文虎、蒋丰:《南京体育彩民消费行为与动机的研究》,《广州体育学院学报》2004 年第 2 期。

18.王平、徐选华:《前景理论研究综述》,《企业技术开发》2005 年第 12 期。

19.王斌、史文文、刘炼:《提与彩民的界定及购彩心理与行为特征》,《华中师范大学学报(人文社会科学版)》2013 年第 2 期。

20.王斌、樊荣、刘炼、吴林隐、雷雨:《不同玩法偏好提与彩民购彩心理与行为特征研究》,《西安体育学院学报》2016 年第 4 期。

21.王毅、高文斌:《2126 名电脑型彩票彩民的基本特征》,《中国心理卫生杂志》2010 年第 4 期。

22.王毅、高文斌:《彩票购买者认知偏差量表初步编制及信效度检验》,《中国临床心理学杂志》2009 年第 5 期。

23.温磊、王燕:《体育彩票消费中彩民的认知偏差研究》,《运动》2010 年第 7 期。

24.姚纳斯、风笑天:《对现场摸奖行为的社会学分析》,《福建论坛(人文社会科学版)》2004 年第 5 期。

25.杨裕萍、吴大兴、李涵贵、文艺:《赌博相关认知量表中文版在大学生中的信效度检验》,《神经疾病与精神卫生》2013 年第 1 期。

26.曾忠禄、翟群、游旭群:《国内彩票购买者的有限理性行为研究》,《心理科学》2009 年第 5 期。

27.周珂、周艳丽:《体育彩票市场消费者行为的经济学分析》,《北京体育大学学报》2004 年第 5 期。

28.郑磊磊、王也玲、李惠春:《医院焦虑抑郁量表在综合性医院中的应用》,《上海精神医院》2003 年第 5 期。

29.李海、马辉、吴殷、徐家熹:《我国体育彩票机构社会责任规划研究》,上海体育学院上海体育彩票研究中心,2016 年。

30.李海:《中国体育彩票问题彩民研究》,上海体育学院上海体育彩票研究中心,2009 年。

31.白彩梅:《上海市体育彩票消费中彩民的认知偏差及其干预策略研究》,华东师范大学硕士学位论文,2011 年。

32.李菊芳:《脑卒中后早期抑郁筛查量表的编制与初步应用研究》,重庆医科大学博士学位论文,2016 年。

33.刘媛媛:《基于活动的情境感知模型与情境感知交互设计》,大连海事大学博士学位论文,2013 年。

34.王妮娜:《"学生彩民"购彩心理与行为特征调查研究》,华中师范大学硕士学位论文,2011 年。

35.杨柳:《全国"三高"彩民购买体育彩票的心理与行为特征调查研究》,华中师范大学硕士学位论文,2011 年。

36.叶林娟:《上海市体育彩票消费中问题购彩行为及其心理机制研究》,华东师范大学硕士学位论文,2010 年。

37.[美]阿里尔·鲁宾斯坦:《有限理性建模》,中国人民大学出版社 2005 年版。

38.[美]赫伯特·西蒙:《现代决策理论的基石》,北京经济学院出版社 1989 年版。

39.[美]赫伯特·西蒙:《管理行为》,北京经济学院出版社 1988 年版。

40.[美]肯尼斯·J.阿罗:《社会选择与个人价值》,上海人民出版社 2010 年版。

41.[美]斯科特·普劳斯:《决策与判断》,人民邮电出版社 2004 年版。

二、外文文献

1.M. W. Abbott & R. A. Volberg, The measurement of adult problem and pathological gambling [J]. *International Gambling Studies*, 6(2): 175-200.

2.T. O. Afifi, D. A. Brownridge, H. MacMillan & J. Sareen, The relationship of gambling to intimate partner violence and child maltreatment in a nationally representative sample [J]. *Journal of Psychiatric Research*, 2010, 44(5): 331-337.

3.I. Ajzen & M. Fishbein, Attitude-behavior relations: A theoretical analysis and review of empirical research [J]. *Psychological Bulletin*, 1977, 84(5): 888-918.

4.D. Albarracin, B. T. Johnson, M. Fishbein & P. A. Muellerleile, Theories of reasoned action and planned behavior as models of condom use: A meta-analysis [J]. *Psychological Bulletin*, 2001, 127(1): 142-161.

5.S. Alessi & N. Petry, Pathological gambling severity is associated with impulsivity in a delay discounting procedure [J]. *Behavioral Processes*, 2003, 64(3): 345-354.

6.American Gaming Association. *State of the States 2016: Executive Summary* [R]. Washington, D. C.: The American Gaming Association, 2016.

7.C. Anderson, The end of theory: The data deluge makes the scientific method obsolete. *Wired Magazine*, 16, 35-40.

8.H. R. Arkes & C. Blumer, The psychology of sunk cost [J]. *Organizational Behavior & Human Decision Processes*, 1985, 35(1): 124-140.

9.A. R. Baldwin, T. P. S. Oei & R. Young, To drink or not to drink: The differential role of alcohol expectancies and drinking refusal self-efficacy in quantity and frequency of alcohol consumption [J]. *Cognitive Therapy and Research*, 1993, 17(6): 511-530.

10.M. Barhillel & E. Neter, Why are people reluctant to exchange lottery tickets [J]. *Journal of Personality and Social Psychology*, 1996, 70

(1): 17-27.

11.M. W. Battersby, L. J. Thomas, B. Tolchard & A. Esterman, The South Oaks Gambling Screen: A review with reference to Australian use. [J]. *Journal of Gambling Studies*, 2002, 18(3): 257-271.

12.A. T. Beck, F. D. Wright, C. F. Newman & B. S. *Liese*, *Cognitive therapy of substance abuse* [M]. New York: Guilford Press, 1993.

13.G. Bedny & D. Meister, Theory of activity and situation awareness [J]. *International Journal of Cognitive Ergonomics*, 1999, 3(1): 63-72.

14. R. Bersabe & R. M. Arias, Superstition in gambling [J]. *Psychology in Spain*, 2000, 4(1): 28-34.

15.D. W. Black & T. Moyer, Clinical features and psychiatric comorbidity of subjects with pathological gambling behavior [J]. *Psychiatric Services*, 1998, 49(11): 1434-1439.

16.D. W. Black, T. Moyer & S. Schlosser, Quality of life and family history in pathological gambling [J]. *Journal of Nervous & Mental Disease*, 2003, 191(2): 124-126.

17.D. W. Black, P. O. Monahan, M. Temkit & M. Shaw, A family study of pathological gambling [J]. *Psychiatry Research*, 2006, 141(3): 295-303.

18.D. W. Black, M. M. Smith, K. T. Forbush, M. C. Shaw, B. A. McCormick, D. J. Moser & J. M. Allen, Neuropsychological performance, impulsivity, symptoms of ADHD, and Cloninger's personality traits in pathological gambling [J]. *Addiction Research and Theory*, 2013, 21(3): 216-226.

19.A. Blaszczynski, R. Ladouceur & H. J. Shaffer, A sicence-based framework for responsible gambling: The Reno Model [J]. *Journal of Gambling Studies*, 2004, 20(3): 301-317.

20.G. Bondolfi & R. Ladouceur, Pathological gambling: an increasing public health problem [J]. *Acta Psychiatrica Scandinavica*, 2000, 104 (4): 241-242.

21.H. Breen, H. Hing & A. Gordon, Indigenous gambling motivations, behavior and consequences in Northern New South Wales, Australia [J]. *International Journal of Mental Health and Addiction*, 2011, 9(6): 723-739.

22.H. Breen, N. Hing, A. Gordon & Holdsworth, L. Indigenous *Australians and their gambling help-seeking behavior* [C]. New York: Nova Science Publishers Inc, 2013.

23.B. B. Brodey, M. First, J. Linthicum, K. Haman, J. W. Sasiela & D. Ayer, Validation of the Net SCID: An automated web-based adaptive version of the SCID [J].*Comprehensive Psychiatry*, 2015, 66: 67-70.

24.I. S. Brooker, I. P. Clara & B. J. Cox, The Canadian Problem Gambling Index: Factor structure and associations with psychopathology in a nationally representative sample [J]. *Canadian Journal of Behavioral Science*, 2009, 41(2): 109-114.

25.R. I. Brown, Classical and operant paradigms in the management of gambling addictions [J]. *Behavior Psychology*, 1987, 15(2): 111-122.

26.J. S. Bruner & L. J. Postman, On the perception of incongruity: A paradigm [J]. *Journal of Personality*, 1949, 18(2): 206-223.

27.F. Calado, J. Alexandre & M. D. Griffiths, Prevalence of adolescent problem gambling: A systematic review of recent research [J].*Journal of Gambling Studies*, 2016, 33(2): 1-28.

28.Camelot. *1st Anniversary: The National Lottery one year on Unofficial Report* [R]. UK: Camelot Group,1995.

29.C. F. Camerer & E. Fehr, When dose "economic man" dominate social behavior? [J]. *Science*, 2006, 311(5757): 47-52.

30.L. J. Chapman & J. P. Chapman, Illusory correlation as an obstacle to the use of valid psychodiagnostic signs [J]. *Journal of Abnormal Psychology*, 1993,74:271-280.

31.L. Clark, Disordered gambling: The evolving concept of behavioral addiction[J]. *Annals of the New York Academy of Sciences*, 2014, 1327

(1)：46-61.

32.C. T. Clotfelter & P. J. Cook，The gamblers fallacy in lottery play [J]. *Management Science*. 1993，39(12)：1521-1525.

33.C. T. Clotfelter & P. J. Cook，Lotteries in the real world [J]. *Journal of Risk and Uncertainty*，1991，4(3)：227-232.

34.A. Coulombe，R. Ladouceur，R. Desharnais & J. Jobin，Erroneous perceptions and arousal among regular and occasional viedo poker players [J]. *Journal of Gambling Studies*，1992，8(3)：235-244.

35.K. Coventry & B. Constable，Physiological arousal and sensation seeking in female fruit machines players [J]. *Addiction*，1999，94(3)：425-430.

36.W. T. Cummings & W. Corney，A conceptual model of gambling behavior：Fishbein's Theory of Reasoned Action [J]. *Journal of Gambling Behavior*，1987，3(3)：190-201.

37.J. M. De，T. B. Hafsteinsdottir，E. Lindeman，R. G. Ettema，D. E. Grobbee & M. J. Schuurmans，In-hospital risk prediction for post-stroke depression：Development and validation of the Post-stroke Depression Prediction Scale [J]. *Stroke*，2013，44(9)：2441.

38.V. Denes-Raj & S. Epstein，Conflict between intuitive and rational processing：when peope behave against their better judgement [J]. *Journal of Personality and Social Psychology*，1994，66(5)：819-829.

39.M.G. Dickerson，J. McMillen，E. Hallebone，R. Volberg & R. Wooley，*Definition and incidence of problem gambling，including the socio-economic distributions of gamblers* [R]. A Report prepared for the Victorian Casino and Gaming Authority.The Australian Institute of Gambling Research. Melbourne，Victoria，1997.

40.D. M.Downes，B. P. Davies，M. E. David & P. Stone，*Gambling，Work and leisure：A study across three areas* [M]. London：Routledge and Kegan Paul，1976.

41.N. A. Dowling & S. Cosic，Client engagement characteristics associated with problem gambling treatment outcomes [J]. *International Journal of Mental Health and Addiction*, 2011, 9(6): 656-671.

42.L. G. Earl & B. M. David, Business profitability versus social profitability: Evaluating industries with externalities, the case of casinos [J]. *Managerial and Decision Economics*, 2001, 22(1-3), 143-162.

43.M. R. Endsley, Design and evaluation for situation awareness enhancement [J]. *Proceeding of The Human Factors Society*, 1988, 32: 97-101.

44.M. Fishbein, *A theory of resoned action: Some applications and implications* [M]. In H. E. Howe Jr. & M. Page (Eds), Nebraska Symposium on Motivation. Lincoln: University of Nebraska Press, 1979: 65-116.

45.J. Ferris & H. Wynne, *The Canadian Problem Gambling Index: Final report* [R]. Ottawa: Canadian Centre on Substance Abuse, 2001.

46.S. T. Fiske & S. E. Taylor, *Social Cognition: From brains to culture* (2nd *edition*) [M]. London: SAGE Publications Ltd, 2013.

47. K. T.Forbush, M. Shaw, M. A. Graeber, L. Hovick, V. J. Meyer, D. J. Moser, J. Bayless, D. Watson & D. W. Black, Neuropsychological characteristics and personality traits in pathological gambling [J]. *Cns Spectrums*, 2008, 13(4): 306.

48.K. R. Foster & H. Kokko, The evolution of superstitious and superstition-like behavior [J]. *Proceedings of the Royal Society B: Biological Sciences*, 2009, 276(1654): 31.

49.D. C. Funder & D. J. Ozer, Behavior as function of the situation [J]. *Journal of Personality and Social Psychology*, 1983, 44(1): 107-112.

50.A. S. Goodie & E. E. Fortune, Measuring cognitive distortions in pathological gambling: Review and meta-analyses [J]. *Psychology of Addictive Behaviors: Journal of the Society of Psychologists in Addictive Behaviors*, 2013, 27(3): 730-743.

51.J. R. Grahm & B. H. Lowenfeld, Personality dimensions of the pathological gambler [J]. *Journal of Gambling Behavior*, 1986, 2: 58-66.

52.J. E. Grant & S. W. Kim, Pharmacotherapy of pathological gambling [J]. *Psychiatric Annals*, 2002, 32(3): 186-191.

53.M. D. Griffiths, *Impact of high-stake, high-prize, gaming machines on problem gambling: Overview of research findings* [C]. Birmingham: Gambling Commission, 2008.

54.M. D. Griffiths, The role of cognitive bias and skill in fruit machine gambling [J]. *British Journal of Psychology*, 1994, 85(3): 351-369.

55. M. D. Griffiths, The cognitive psychology of gambling [J]. *Journal of Gambling Studies*, 1990, 6(1): 31-42.

56.R. Gupta & J. L. Derevensky, An empirical examination of Jacob's General Theory of Addictions: Do adolescent gamblers fit the theory? [J]. *Journal of Gambling Studies*, 1998, 14(1): 17-49.

57. J. Gwizdka, *What's in the context* [C]. Netherlands: The Hague, 2000.

58.A. Harris & M. D. Griffiths, The impact of speed of play in gambling on psychological and behavioral factors: A critical review [J]. *Journal of Gambling Studies*, 2017, 33 (2): 1-20.

59.G. W. Harrison, L. J. Jessen, M. Lau & D. Ross, Disordered gambling prevalence: Methodological innovations in a general Danish population survey [J]. *Journal of Gambling Studies*, 2017, 34(6): 1-29.

60.R. A. Heiner, Origin of predictable behavior: Further modeling and applications [J]. *American Economic Association*, 1985, 75 (2): 391-396.

61.E. Hill & J. Williamson, Choose six numbers, any numbers [J]. *The Psychologist: Bulletin of the British psychological Society*, 1998, 11 (1): 17-21.

62.N. Hing, H. Breen, A.Gordon & A. Russell, Gambling among indigenous men and problem gambling risk factors: An Australian study [J]. *International Journal of Mental Health and Addiction*, 2014, 12(4):

491-508.

63.T. Holtgraves & J. Skeel, Cognitive biases in playing the lottery: Estimating the odds and choosing the numbers [J]. *Journal of Applied Social Psychology*, 1992, 22(12): 934-952.

64.R. J. Hu, Diagnostic and Statistical Manual of Mental Disorders (DMS-IV) [J]. *Encyclopedia of the Neurological Sciences*, 2003, 25(2): 4-8.

65.A. C.Jackson, H. Wynne, N. A. Dowling, J. E. Tomnay & S. A. Thomas, Using the CPGI to determine problem gambling prevalence in Australia: Measurement issues [J]. *International Journal of Mental Health & Addiction*, 2010, 8(4): 570-582.

66.D. F. Jacob, A general theory of addictions: A new theoretical model [J]. *Journal of Gambling Behavior*, 1986, 2(1): 15-31.

67.W. K. John, The cost of addicted gamblers: Should the states initiate mega-lawsuits similar to the tobacco cases? [J]. *Management and Decision Economics*, 2001, 22(1-3): 17-63.

68.R. Johnson, & J. Klotz, Estimating hot numbers and testing uniformity for the lottery [J]. *Publications of the American Statistical Association*, 1993, 88(422): 662-668.

69.A. Johansson, J. E. Grant, S. W. Kim, B. L. Odlaug & K. G. Gotestam, Risk factors for problematic gambling: A critical literature review [J]. *Journal of gambling Studies*, 2009, 25(1): 67-92.

70.D. Kahneman & A. Tversky, On the interpretation of intuitive probability: A reply to Jonathan Cohen [J]. *Cognition*, 1979, 7(4): 409-411.

71.D. Kahneman, & A. Tversky, Prospect Theory: An analysis of decision under risk [J]. *Econometrica*, 1979, 47(2): 263-292.

72.J. L. Kassinove, Development of the Gambling Attitudes Scales: Preliminary findings [J]. *Journal of Clinical Psychology*, 1996, 54(6): 763-771.

73.D. Kendrick & D. Funder, Profiting from controversy: Lessons from the person-situation debate [J]. *American Pshychologist*, 1988, 43(1): 23-34.

74.G. Keren & W. A. Wagenaar, On the psychology of playing blackjack: Normative and descriptive considerations with implications for decision theory [J]. *Journal of Experimental Psychology: General*, 1985, 114(114): 133-158.

75.R. C. Kessler, I. Hwang, R. LaBrie, M. Petukhova, N. A. Sampson, K. C.Winters & H. J. Shaffer, DSM-IV pathological gambling in the National Comorbidity Survey Replication [J]. *Psychological Medicine*, 2008, 38(9): 1351.

76.D. Korn & H. J. Shaffer, Gambling and the health of the public: adopting a public health perspective [J]. *Journal of Gambling Studies*, 1999, 15(4): 289-365.

77.D. Korn, R. Gibbins & J. Azmier, Framing public policy towards a public health paradiam for gambling [J]. *Journal of Gambling Studies*, 2003, 19(2): 235-256.

78.I. Kusyszyn, How gambling saved me from a misspent sabbatical [J]. *Journal of Humanistic Psychology*, 1977, 17(3): 19-34.

79.G. Ladd & N. Petry, Disordered gambling among university-based medical and dental patients: A focus on internet gambling [J]. *Psychology of Addictive behavior*, 2002, 16(1): 76.

80.E. J. Langer & J. Roth, Heads I win, tails it's chance: The illusion of control as a function of the sequence of outcomes in a purely chance task [J]. *Journal of Personality & Social Psychology*, 1975, 32(6): 951-955.

81.D. M. Ledgerwood & N. M. Petry, Psychological experience of gambling and subtypes of pathological gamblers [J]. *Psychiatry Research*, 2006, 144(1): 17-27.

82.N. K. Lee, T. P. S. Oei & J. D. Greeley, The interation of alcohol expectancies and drinking refusal self-efficacy in high and low risk drinkers [J]. *Addiction Research*, 1999, 7(2): 91-102.

83.H. R. Lesieur & S. B. Blume, The South Oaks Gambling Screen (SOGS): A new instrument for the identification of patholocial gamblers [J]. *The American Journal of Psychiatry*, 1987, 144(9): 1184-1188.

84.H. R. Lesieur & R. J. Rosenthal, Pathological gambling: A review of the literature (prepared for the American Psychiatric Association task force on DSM-IV committee on disorders of impulse control not elsewhere classified) [J]. *Journal of Gambling Studies*, 1991, 7(1): 5-39.

85.H. Li, L, L. Mao, J, J. Zhang, Y. Wu, A. Li & J. Chen, Dimensions of Problem Gambling Behavior Associated with Purchasing Sports Lottery [J]. *Journal of Gambling Studies*, 2011, 28(1): 47-68.

86.H. Li, L, L. Mao, J, J. Zhang & J. X. Xu, Classifying and profiling sports lottery gamblers: A cluster analysis approach [J]. *Social Behavior and Personality: An International Journal*, 2015, 43 (8): 1299-1318.

87. W. Lippmann, *Publick Opinion* [M]. New York: Macmillan, 1922.

88.J. Loo, N. Raylu & T. P. Oei, *Testing the validity of an integrated cognitive behavioral model of gambling behavior with a Chinese sample* [C]. New York: Nova Science Publishers, 2012.

89.J. M. Y. Loo, P. S. O. Tian & N. Raylu, Psychometric evaluation of the Problem Gambling Severity Index-Chinese Version (PGSI-C) [J]. *Journal of Gambling Studies*, 2011, 27(3): 453-466.

90.C. Maddern & M. Rogala, *Testing of the Self-Administered Problem Gambling Scale prototype screen: A draft report* [R]. Melbourne: Market Solutions PTY, 2006.

91.C. Marfels, Slot machine play in America. Automatenspiele: Homo Ludens—Der spielende Mensch IX, Salzburg: Internationale Beitrage de Institutes fur Spielforschung und Spielpadagogik. University Mozarteum, 1999:67-89.

92. H. H. Marmurek, J. Switzer & J. D'Alvise, Impulsivity, Gambling Cognitions, and the Gambler's Fallacy in university students

[J]. *Journal of Gambling Studies*, 2015, 31(1): 197-210.

93.D. A. Marina, "I feel like I'm going to win": Superstition in gambling [J]. *Qualitative Sociology Review*, 2014, 10(2): 81-101.

94.R. Michalczuk, H. Bowden-Jones, A. Verdejo-Garcia & L. Clark, Impulsivity and cognitive distortions in pathological gamblers attending the UK National problem gambling clinic: A preliminary report [J]. *Psychological Medicine*, 2011, 41(12): 2625-2635.

95.D. T. Miler & C. McFarland, Counterfactual thinking and victim compensation: A test of Norm theory [J]. *Personaility and Social Psychology Bulletin*, 12(4): 513-519.

96.M. S. Moore & K. Ohtuska, Gambling activities of young Australians: Developing a model of behavioral [J]. *Journal of Gambling Studies*, 1997, 13(3): 207-236.

97.J. B. Murray, Review of research on pathological gambling [J]. *Psychological Reports*, 1993, 72(3): 791-810.

98.T. Nagel, R. Hinton, V. Thompson & N. Spencer, Yarning about gambling in indigenous communities: An aboriginal and islander mental health initiative [J]. *Australian Journal of Social Issues*, 2011, 46(4): 371-388.

99. U. Neisser, Perceiving, Anticipating, and Imagining, In Ulric Neisser eds., *Cognition and Reality* [C]. San Francisco: W. H. Freeman and Company, 1976. pp. 89-105.

100.R. E. Nisbett & L. Ross, Human inference: Strategies and shortcoming of social judgment, In C. Cherniak, eds., *The Philosophical Review* [C]. Durham, NC: Duke University Press, 1983, pp. 462-465.

101.T. Oei, J. Lin & N. Raylu, Validation of the Chinese Version of the Gambling Related Cognitions Scale (GRCS-C) [J]. *Journal of Gambling Studies*, 2007, 23(3): 309-322.

102.T. P. S. Oei & R. Burrow, Alcohol expectancy and drinking refusal self-efficacy: a test of specificity theory [J]. *Addictive Behaviors*,

2000, 25(4): 499-507.

103.T. P. Oei & N. Raylu, Familial influence on offspring gambling: A cognitive mechanism for transmission of gambling behavior in families [J]. *Psychological Medicine*, 2004, 34(7): 1279-1288.

104.A. Parke, M. Griffiths & P. Irwing, Personality traits in pathological gambling: Sensaton seeking, deferment of gratification and competitiveness as risk factors [J]. *Addiction Research*, 2004, 12(3): 201-212.

105.J. Petrie, F. Bunn & G. Byrne, Parenting programmes for preventing tobacco, alcohol or drugs misuse in children <18: A systematic review [J]. *Health Education Research*, 2007, 22(2): 177-191.

106.N. M. Petry & Steinberg, K. L. Childhood maltreatment in male and female treatment-seeking pathological gamblers [J]. Psychology of Addictive Behaviors, 2005, 19(2): 226-229.

107.S. Plous, *The psychology of judgment and decision making* [M]. New York: McGraw-Hill series in social psychology, 1993.

108.S. Plous, Psychological mechanisms in the human use of animals [J]. *Journal of Social Issues*, 1993, 49(1): 11-52.

109.M. N. Potenza, D. A. Fiellin, G. R. Heninger, B. J. Rousaville & C. M. Mazure, Gambling: An addictive behavior with health and primary care implications [J]. *Journal of Internal Medicine*, 2002, 17(9): 721-732.

110.*Productivity Commission. Australia's Gambling Industries* [R]. Canberra: AusInfo, 1999.

111.J. Quiggin, A theory of anticipated utility [J]. *Journal of Economic Behavior & Organization*, 1982, 3(4): 323-343.

112.N. Raylu & T. P. S. Oei, The Gambling Related Cognitions Scale (GRCS): Development, confirmatory factor validation and psychometric properties [J]. *Addiction*, 2004, 99(6): 757-769.

113.N. Raylu & T. P. S. Oei, Pathological gambling: A comprehensive review [J]. *Clinical Psychology Review*, 2002, 22(7): 1-53.

114.A. S. Reber, *Penguin Dictionary of Psychology* [M]. London: Penguin, 1985.

115.R. L. Reid, The psychology of the near miss [J]. *Journal of Gambling Behavior*, 1986, 2(1): 32-39.

116.S. Rodda, S. L. Brown & J. G. Phillips, The relationship between anxiety, smoking, and gambling in electronic gaming machine players [J]. *Journal of Gambling Studies*, 2004, 20(1): 71-81.

117.P. Rogers, The cognitive psychology of lottery gambling: A theoretical review [J]. *Journal of Gambling Studies*, 1998, 14(2): 111-134.

118.P. Rogers & P. Webley, "It could be us! ": A cognitive & social psychological factors in UK national lottery play [J]. *Applied Psychology*, 2001, 50(1): 181-199.

119.I. N. Rose, Status of gambling laws [J]. *Gaming Law Review*, 2003, 7(1): 1-13.

120.L. Romo, C. Legauffre, A. Guilleux, M. Valleur, D. Magalon, M. Fatseas, I. Chereau-Boudet, A. Luquiens, J. Venise, J. Group, M. Grall-Bronnec & G. Ghallet-Bouju, Cognition distortions and ADHD in pathological gambling: A national longitudinal case-control cohort study [J]. *Journal of Behavior Addiction*, 2016, 5(4): 1-9.

121.D. Runciman, A Load of Balls [N]. *The Sunday Telegraph Review*, 1996-2-25.

122.E. D. Scannell, M. M. Quirk, K. Smith, R. Maddern & M. Dickerson, Females' coping styles and control over poker machine gambling [J]. *Journal of Gambling Studies*, 2000, 16: 417-432.

123.B. N. Schilit, N. I. Adams & R. Want, *Context-Aware computing applications* [R]. Santa Cruz, CA: Xerox Corporation Palo Alto Research Center, 1994.

124.H. Shaffer & M. N. Hall, Updating and refining prevalence estimates of disordered gambling behavior in the US and Canada [J]. *Canadian Journal of Public Health*, 2001, 92(3): 168-172.

125.H. J. Shaffer & B. Gambino, The epistemology of"addictive disease": Gambling as a predicament [J]. *Journal of Gambling Behavior*, 1989, 5(3): 211-219.

126.L. Sharpe, N. Tarrier, Towards a cognitive-behavioural theory of problem gambling [J]. *British Journal of Psychiatry the Journal of Mental Science*, 1993, 162(3): 407.

127.S. V. Shariat, E. A.Asad, R. N. Ali, D. Z. Bashar, B. Birashk, D. M. Tehrani, B. Jalili, E. Hejazi, S. M. Hakim, E. Shirazi, H. Ashayeri, T. M. V. Majd, R. M. R. Majd, K. Zeynali, S. Karimifar Age rating of computer games from a psychological perspective: Adelfi study [J].*Advances in Cognitive Science*, 2009, 11(2): 8-18.

128.B. B. M. D. Sheila, Treatment for the addictions in a psychiatric setting [J]. *Addiction*, 1989, 84(7): 237-247.

129.L. Shepherd & M. Dickerson, Situational coping with loss and control over gambling in regular poker machine players [J]. *Australian Journal of psychology*, 2001, 53(3): 160-169.

130.M. D. Smith, R. Wiseman, P. Harris & R. Joiner, On being lucky: The psychology and parapsychology of luck [J]. *European Journal of Parapsychology*, 1996, 12: 35-44.

131.M. Snyder & S. W. Uranowitz, Reconstructing the past: Some cognitive consequences of person perception [J]. *Journal of Personality and Social Psychology*, 1978, 36(9): 941-950.

132.K. Splevins, S. Mireskandari, K. Clayton & A. Blaszczynski, Prevalence of adolescent problem gambling, related harms and help-seeking behavior among an Australian population [J].*Journal of Gambling Studies*, 2010, 26(2): 189-204.

133. M. S. Stark, *The dynamics of control: Exploring sense of control, illusion of control, and gambling self-efficacy among frequent gamblers* [D]. Toronto: University of Toronto, 2014.

134. M. Stevens & R. Bailie, Gambling, housing conditions,

community contexts and child health in remote indigenous communities in the Northern Territory, Australia [J]. *BMC Public Health*, 2012, 12(1): 377.

135.R. Stinchfield, R. Govoni & G. R. Frisch, *Screening and assessment instruments* [M]. In J. E. Grant & M. N. Potenza (Eds.), Pathological gambling: A clinical guide to treatment. Washington, DC: American Psychiatric Association, 2004.

136. N. S. Sutherland, *Irrationality: The enemy within* [M]. London: Constable and Company, 1992.

137.S. K. Tang & A. M. S. Wu, Gambling-related cognitive biases and pathological gambling among youths, young adults, and mature adults in Chinese societies [J]. *Journal of Gambling Studies*, 2012, 28(1): 139-154.

138.C. S. Tang, A. M. Wu, J. Y. Tang & E. C. Yan, Reliability, validity, and cut scores of the South Oaks Gambling Screen (SOGS) for Chinese [J].*Journal of Gambling Studies*, 2010, 26(1): 145-158.

139.D. Terrell, A test of the gambler's fallacy: Evidence from pari-mutuel games [J]. *Journal of Risk and Uncertainty*, 1994, 8(3): 309-317.

140.R. G. Thrasher, D. P. S. Andrew, D. F. Mahony, The efficacy of the Theory of Reasoned Action to explain gambling behavior in college students [J]. *Journal of Gambling Studies*, 2011, 27(3): 499-516.

141.T. Toneatto, T. Blitz-Miller, K. Galderwood, R. Dragonetti & A. Tsanos, Cognitive distortions in heavy gambling [J]. *Journal of Gambling Studies*, 1997, 13(3): 253-266.

142.T. Toneatto, Cognitive psychopathology of problem gambling [J]. *Substance Use and Misuse*, 1999, 34(11): 1593-1604.

143.A. Tversky & D. Kahneman, Judgment under uncertainty: heuristics and biases [J]. *Science*, 185, 1124-1131.

144.A. Tversky & D. Kahneman, Advances in prospect theory: Cumulative representation of uncertainty [J]. *Journal of Risk and Uncertainty*, 1992, 5(4): 297-323.

145.A. Tversky, P. Slovic & D. Kahneman, The Causes of preference reversal [J]. *The American Economic Review*, 1990, 80(1): 204-217.

146.A. Tversky & D. Kahneman, Judgment under uncertainty: Heuristics and biase, In A. Tversky, P. Slovic & D. Kahneman, eds., *Judgment under uncertainty: Heuristics and biases* [C]. NY: CUP, 1982, pp. 141-162.

147.A. Tversky & D. Kahneman, Availability: A heuristic for judging frequency and probability [J]. *Cognitive Psychology*, 1973, 5(2): 207-232.

148.R. A. Volberg & S. M. Banks, A review of two measures of pathological gambling in the United States. [J]. *Journal of Gambling Studies*, 1990, 6(2): 153-163.

149.R. Volberg & M. Wray, Legal gambling and problem gambling as mechanisms of social domination? Some considerations for future research [J]. *American Behavioral Science*, 2007, 51(1): 56-85.

150. W. A. Wagenaar, *Paradoxes of gambling behavior* [M]. London: Routledge Library Editions: Addictions, 1988.

151.M. B. Walker, *The psychology of gambling* [M]. Oxford: Pergamon Press, 1992.

152.P. Webley, P. Rogers, E. Coups & G. Haddock, *It could be us! Predictors and correlated of National Lottery play in Britain*. [R]. Paper presented at the XXII International Conference in Economic Psychology, Valencia, Spain, September 1997.

153.M. J. A. Wohl & M. E. Enzle, The deployment of personal luck: Sympathetic magic and illusory control in games of pure chance [J]. *Personality & Social Psychology Bulletin*, 2002, 28(10): 1388-1397.

154.M. J. A. Wohl, M. J. Stewart & M. M. Young, Personal Luck Usage Scale (PLUS): Psychometric validation of a measure of gambling-related belief in luck as a personal possession [J]. *International Gambling Studies*, 2011, 11(1): 7-21.

155.R. T. A. Wood & M. D. Griffiths, A qualitative investigation of problem gambling as an escape based coping strategy [J].*Psychology and Psychotherapy: Theory, Research and Practice*, 2007, 80(1): 107-125.

156.A. M. S. Wu, Screening for college problem gambling in Chinese societies: Psychometric properties of the Chinese Version of the South Oaks Gambling Screen (C-SOGS) [J]. I*nternational Gambling Studies*, 2009, 9(3): 263-274.

157.M. Zuckerman, *Sensation seeking: Beyond the optimal level of arousal* [M]. New Jersy: Lawrence Erlbaum Associates, Publishers, 1979.